As- F- III

ISSN 0584-603-X

Sozialwissenschaftliche Studien
zu internationalen Problemen

Social Science Studies
on International Problems

Herausgegeben von / Edited by
Prof. Dr. Diether Breitenbach

Kurt Lehberger

Die Arbeits- und Lebensbedingungen in Südkorea in der Phase der exportorientierten Industrialisierung (1965–1980)

Nr. 81

Sozialwissenschaftliche Studien zu internationalen Problemen / Social Science Studies on International Problems

Herausgegeben von / Edited by
Prof. Dr. Diether Breitenbach

Verlag **breitenbach** Publishers
Saarbrücken · Fort Lauderdale 1983

CIP-Kurztitelaufnahme der Deutschen Bibliothek

Lehberger, Kurt:
Die Arbeits- und Lebensbedingungen in Südkorea in der Phase der exportorientierten Industrialisierung (1965–1980) / Kurt Lehberger. – Saarbrücken; Fort Lauderdale: Breitenbach, 1983.

(Sozialwissenschaftliche Studien zu internationalen Problemen; Nr. 81)
ISBN 3-88156-243-5

NE: GT

ISBN 3-88156-243-5

© 1983 by Verlag **breitenbach** Publishers
Saarbrücken, Germany · Fort Lauderdale, USA
Printed by aku-Fotodruck GmbH, Bamberg

INHALTSVERZEICHNIS

EINLEITUNG		VII
I.	**ARBEITSBEDINGUNGEN**	1
1.	**Arbeitszeiten**	1
1.1.	Die Arbeitszeiten in der Kolonialzeit und während der amerikanischen Besatzung (1910 - 1948)	1
1.2.	Arbeitszeiten nach dem "Labour Standard Law"	2
1.3.	Zusammenfassung	7
1.4.	Die Arbeitszeiten der Erwerbstätigen	7
1.4.1.	Anmerkungen zu dem vorhandenen statistischen Material	7
1.4.2.	Wochenarbeitsstunden der Erwerbstätigen nach Wirtschaftsbereichen	9
1.4.3.	Die Wochenarbeitsstunden der Lohnarbeiter des Kapitals	13
1.4.4.	Zusammenfassung	20
1.4.5.	Illustrationen zu den Arbeitszeiten	21
1.5.	Zentrale Ergebnisse der Untersuchung der Arbeitszeiten	23
2.	**Intensität der Arbeit**	25
3.	**Verhältnisse am Arbeitsplatz**	27
4.	**Berufskrankheiten und Arbeitsunfälle**	28
5.	**Zu- und Abgänge in der südkoreanische Industrie (Labour Turn-over)**	30
II.	**LÖHNE**	36
1.	**Lohnfindungsprozeß**	37
1.1.	Historische Bestimmung des allgemeinen Lohnniveaus	37
1.2.	Exkurs: Gewerkschaften und Arbeiterbewegung in Südkorea	39
1.3.	Gesetzliche Bestimmung der Überstundenbezahlung	47
1.4.	Arbeitsmarktstruktur	49
2.	**Das koreanische Lohnsystem**	50
2.1.	Lohnform	51
2.2.	Innerbetriebliche Lohnbestimmung	54

3.	Lohnentwicklung	56
3.1.	Reallohnsteigerungen in den 70er Jahren	57
3.2.	Lohnunterschiede nach Wirtschaftsbereichen	59
3.3.	Lohnunterschiede nach Berufsgruppen	60
3.4.	Lohn- und Produktivitätssteigerungen in der verarbeitenden Industrie im Vergleich	62
3.5.	Die Löhne in der verarbeitenden Industrie nach Industriezweigen (1970, 1975, 1980)	63
3.6.	Lohnunterschiede zwischen Männern und Frauen	66
3.7.	Zusammenfassung	70

III.	**KONSUMTIONSSTRUKTUR**	74
1.	Reduzierung der Haushaltsgröße	75
2.	Schwankungen in der Zahl der erwerbstätigen Familienmitglieder	75
3.	Reduzierung der Ausgaben für Nahrungsmittel ("Engelsche Gesetz")	78
4.	Ausgaben für Nahrungsmittel nach Hauptgruppen	80
5.	Die Ausgaben der Haushalte der Lohnarbeiter für Wohnen, Energie, Bekleidung und Sonstiges	85

IV.	**KOLLEKTIVER KONSUM**	90
1.	Ausgaben für das "Social Security Program" in Südkorea im Ländervergleich	91
2.	Ausgabenstruktur des Staatshaushaltes 1979	92
3.	Die Leistungen des "Social Security Programs" (SSP)	93
3.1.	Versicherungssystem	93
3.1.1.	Krankenversicherung	93
3.1.2.	Unfallversicherung	95
3.1.3.	Entlassungsgelder ("Severance Pay System")	97
3.2.	Programm zur Sicherung des Lebensunterhaltes ("Livelihood-Protection-Program")	98
3.2.1.	Die Leistungen des LPP	98
3.2.2.	Arbeitsbeschaffungsprogramm innerhalb des LPP ("Self-Help-Work-Program")	100
3.3.	Wohlfahrtseinrichtungen ("Social Welfare Services")	100
4.	Zusammenfassung und Ergebnisse	101

V. EINKOMMENSVERTEILUNG UND ARMUT IN SÜDKOREA 104

1. Verteilungsdaten für Südkorea im Ländervergleich 104
2. Historische Ursachen der mäßigen Einkommensungleichheit 105
3. Entwicklung der Einkommensverteilung in den 70er Jahren 106
4. Armut in Südkorea 110
5. Sozio-ökonomische Merkmale der Haushalte der Armen in den Städten 114
6. Zusammenfassung und Ergebnisse 116

SCHLUSSBEMERKUNGEN 120

Literaturverzeichnis 122

Verzeichnis der Statistiken 124

Anmerkungen zu I 33
Anmerkungen zu II 71
Anmerkungen zu III 89
Anmerkungen zu IV 103
Anmerkungen zu V 118

TABELLENVERZEICHNIS

Tabelle 1: Wochenarbeitsstunden der Erwerbstätigen nach
Wirtschaftsbereichen 9

Tabelle 2: Prozentuale Verteilung der Erwerbstätigen nach
Wochenarbeitsstunden und Wirtschaftsbereichen für
die Jahre 1970 und 1980 10

Tabelle 3: Wochenarbeitsstunden der Lohnarbeiter des Kapitals
nach Wirtschaftsbereichen (1970 - 1980) 14

Tabelle 4: Durchschnittlich geleistete Wochenarbeitsstunden der
Lohnarbeiter der verarbeitenden Industrie nach
Industriezweigen (1970 - 1980) 15

Tabelle 5: Wochenarbeitsstunden der Lohnarbeiter des Kapitals
nach Schulabschluß (1980) 16

Tabelle 6: Wochenarbeitsstunden der Lohnarbeiter des Kapitals
nach Berufsgruppen, Geschlecht und Alter (1980) 17

Tabelle 7: Wochenarbeitsstunden der Produktionsarbeiter des
Kapitals nach Lohngruppen und Geschlecht (1980) 19

Tabelle 8: Zu- und Abgänge in der verarbeitenden Industrie
(Labour Turn-over Rate (1980)) 31

Tabelle 9: Workers of Separation in Manufacturing by Reason (1980) 32

Tabelle 10: Lohnsteigerungsraten der Lohnarbeiter des Kapitals
(1970 - 1980) 57

Tabelle 11: Nominallöhne nach Wirtschaftsbereichen (1970, 1975,
1980) 59

Tabelle 12: Nominallöhne nach Berufsgruppen (1971, 1975, 1979) 61

Tabelle 13: Reallohnentwicklung, Produktivitätssteigerung und
Wachstumsraten der verarbeitenden Industrie in den
Jahren 1970 bis 1980 62

Tabelle 14: Nominallöhne in der verarbeitenden Industrie
(1970, 1975, 1980) 63

Tabelle 15: Durchschnittliche Arbeitszeiten und Löhne in der
Textil/Bekleidungsindustrie ausgewählter Länder (1975) 65

Tabelle 16: Durchschnittliche Stundenlöhne in ausgewählten
Industriezweigen in Südkorea 66

Tabelle 17: Löhne der Lohnarbeiter des Kapitals nach deren
Schulbildung und deren Geschlecht (1980) 66

Tabelle 18: Größe der Haushalte der Lohnarbeiter des Kapitals 75

Tabelle 19: a: Erwerbstätige pro Haushalt der Lohnarbeiter des
Kapitals 76
b: Einkommen des Haushaltsvorstandes und Gesamteinkommen des Haushaltes 76
c: Anteil des Einkommens des Haushaltsvorstandes
an dem Gesamteinkommen des Haushaltes 76

Tabelle 20: Anteil der Nahrungsmittelausgaben an den konsumtiven Gesamtausgaben nach Haushaltstypen der Lohnarbeiter des Kapitals   78

Tabelle 21: Ausgaben für ausgewählte Hauptgruppen der Nahrungsmittel nach Haushaltstypen   81

Tabelle 22: Average Monthly Household Economy in Cities (Salary and Wage Earner's Households)   85

Tabelle 23: Sonstige Ausgaben ("Miscellaneous") nach Hauptgruppen des Stammarbeiterhaushalte 1980   87

Tabelle 24: Funtional Classification of Central Government Expenditure and Net Lending 1979   92

Tabelle 25: Persons covered under Medical Insurance   93

Tabelle 26: Trend in Industrial Accident Insurance   95

Tabelle 27: Verteilung des Volkseinkommens und Gini-Koeffizient für die Jahre 1965, 1970, 1976, 1978   107

Tabelle 28: Einkommensverteilung nach Haushaltstypen 1965, 1970, 1976 (Gini-Koeffizient)   108

Tabelle 29: Armut in Südkorea in Prozent der Bevölkerung   111

Tabelle 30: Verteilung der "absolut" Armen nach Stadt und Land   113

Tabelle 31: a-d: Distribution of the Poor (urban) by Employment Status (a), Typ of Workers (b), Occupation (c) and Education (d) of the Head of Household   114

Tabelle 32: Distribution of the Poor (urban) by Characteristics in Household Composition   115

Verzeichnis der Schaubilder

Schaubild 1: Korea's Dispute Resolution Procedures   41

Schaubild 2: Workers by Sex and Wagegroups (Manufacturing, 1980)   69

EINLEITUNG

Südkorea ist gegenwärtig Gegenstand heftiger Auseinandersetzungen in der entwicklungstheoretischen Debatte. Der "take off" Südkoreas wird nicht bestritten: Innerhalb von 15 Jahren ist aus dem Bauernland ein Industriestaat geworden, der in der Welthandelsstatistik unter den ersten zwanzig Staaten rangiert. Der Anteil der verarbeitenden Industrie am Bruttosozialprodukt beträgt 1980 35%. Die Zuwachsraten des BSP betrugen in der Zeit von 1962 - 1980 durchschnittlich pro Jahr 8,4%. Das Prokopfeinkommen beläuft sich 1980 auf 1.503 US-$. (1)

Diese globalen ökonomischen Indikatoren sprechen dafür, Südkorea aus dem Kreis der Entwicklungsländer herauszunehmen und Südkorea einen Platz auf der Schwelle zum Industriestaat zuzuweisen. Der Begriff "Schwellenland", der in der entwicklungspolitischen Diskussion für Südkorea angewandt wird, trifft diese Zwischenstellung am ehesten. Unter den sogenannten Schwellenländern spielt Südkorea eine besondere Rolle. Der Fall Südkorea ist in der Entwicklungsgeschichte des Kapitalismus einzigartig: Trotz der Größe Südkoreas (1980 leben in Südkorea 38,2 Millionen Menschen) und des nur wenig entwickelten Binnenmarktes vermag Südkorea ca. 35% des BIP erfolgreich zu exportieren. Selbst die enorm gestiegenen Importpreise für Öl konnte Südkorea relativ gut kompensieren.

Der südkoreanische Entwicklungsweg über die weltmarktintegrative Exportproduktion von vorwiegend leichtindustriellen Gütern wird gegenwärtig unterschiedlich eingeschätzt. Drei Strömungen lassen sich in der Einschätzung Koreas herauskristallisieren (2):

Einmal nennen die Vertreter der "Modernisierungstheorie" den Fall Südkorea exemplarisch für die Möglichkeit einer nachholenden kapitalistischen und weltmarktintegrierten Industrialisierung und empfehlen anderen Entwicklungsländern, die gleiche Richtung einzuschlagen. (3)

Dagegen steht die Einschätzung von sich als Marxisten verstehenden Wissenschaftlern, daß erst in den nächsten Jahren die strukturellen Schwächen des Wirtschaftssystems Südkoreas in ihrem vollen Umfang deutlich werden und es sich zeigen wird, daß Südkoreas Weg in die Sackgasse geführt hat. (4)

Die neueste Variante in der Bewertung des Falles Südkorea kommt
auch aus dem Kreis der Marxisten. Die strukturelle Heterogenität
in dem gesellschaftlichen und wirtschaftlichen Bereich Südkoreas wird
von diesen Autoren anders beurteilt. Unter Verweis auf die Entwicklungsgeschichte des metropolitanen Kapitalismus, die bis 1900 von Massenarmut und Marginalisierung breiter Bevölkerungsteile gekennzeichnet
ist, werden die Phänomene der strukturellen Heterogenität als überwind-
bar angesehen. (5) Nach dieser Auffassung ist die zukünftige Entwicklung Südkoreas eher ein Beispiel für das Heraustreten eines peripheren
Landes aus der Unterentwicklung unter kapitalistischen Vorzeichen.
Die Abhängigkeitstheorie aus Lateinamerika (Dependenztheorie, S. Amin)
und die Theorie des peripheren Kapitalismus (D. Senghaas) sind damit
zur Disposition gestellt.

Aus diesen unterschiedlichen Stellungnahmen wird die Notwendigkeit
deutlich, den südkoreanischen Weg näher zu betrachten. Die Frage,
ob Südkorea die derzeitigen ökonomischen Probleme wie z.B. die hohe
Auslandsverschuldung, die wachsenden protektionistischen Maßnahmen
der westlichen Welt, die Rezession der Weltwirtschaft u.a. überwinden
kann, wird in dieser Arbeit nicht gestellt. Mein Anliegen ist vielmehr,
die Frage der Zumutbarkeit einer "Export-um-jeden-Preis-Politik"
für die arbeitende Bevölkerung zu stellen: Es bedarf der Klärung, wie-
viele Verluste an Menschen und Lebensqualität einer Bevölkerung für
den Wohlstand der zukünftigen Generationen legitimerweise abverlangt
werden können.

Was verbirgt sich hinter dem Ausspruch eines deutschen Industriellen;
der sagt:
> "Um ein solches Wachstum zu erreichen, kann man eben nicht
> anders, als einmal drei Generationen von Arbeitern zu verheizen."
> (6)

Mit der Darstellung der Arbeitsbedingungen (1. Kapitel) wird versucht,
einmal die übermäßige Ausbeutung der Arbeiter und Arbeiterinnen
aufzuzeigen und zum anderen, etwaige Unterschiede in der Größe des
Verschleißes der Arbeitskräfte nachzuweisen.

Im zweiten Kapitel werden die Entwicklung der Löhne und die Bestim-
mungsfaktoren der Entlohnung dargestellt. Auch hier soll ausfindig

gemacht werden, welche Fraktionen innerhalb der Arbeiterschaft überdurchschnittliche Lohnzuwächse erhalten haben.

Die Partizipation an der Ansammlung nationaler Reichtümer infolge der Wirtschaftsentwicklung drückt sich in der Veränderung der Konsumtionsstruktur der Lohnarbeiterhaushalte aus. Die Verschiebung innerhalb der konsumtiven Ausgaben steht im Mittelpunkt des 3. Kapitels.

Im 4. Kapitel wird die Entwicklung des kollektiven Konsums in Südkorea nachgezeichnet. Welche Maßnahmen trifft der Staat für die Umverteilung des Volkseinkommens zugunsten der einkommensschwachen Teile der Bevölkerung? Wie steht es mit dem System der sozialen Sicherung in Südkorea? Garantiert der Staat den Armen ein Minimum an Lebensqualität oder werden die Armen sich selbst überlassen?

Im letzten Teil der Arbeit (5. Kapitel) wird schließlich die Entwicklung der Einkommensverteilung dargestellt, um eine mögliche Polarisierung der Bevölkerung aufzeigen zu können. Gleichzeitig wird die Armut in Südkorea quantifiziert und mit den Folgewirkungen des eingeschlagenen Weges der wirtschaftlichen Entwicklung in Zusammenhang gestellt.

Ich möchte mich an dieser Stelle bei allen Personen bedanken, die mir während meiner Reise in Südkorea mit Rat und Tat hilfreich gewesen sind. Auf mehrfachen Wunsch möchte ich die Personen nicht namentlich nennen. Die politische Situation in Südkorea läßt es nicht zu, kritische Anmerkungen dort tätiger Personen namentlich zu kennzeichnen.

Anmerkungen

(1) "Major Statistics of Korean Economy", EPB, RoK, 1981

(2) Diese drei Strömungen sind dargestellt in: Senghaas, D., "Von Europa lernen. Entwicklungsgeschichtliche Betrachtungen", Frankfurt a.M., 1982, S. 258

(3) vgl. z.B. Kim, K., Römer, M.: "Growth and Structural Transformation. Studies in the Industrialization of the Republic of Korea, 1945 - 1975", Cambridge, 1979

(4) vgl. z.B. Luther, Hans Ulrich: "Südkorea (k)ein Modell für die Dritte Welt?", München, 1981

(5) vgl. z.B. Schweers, R.: "Kapitalistische Entwicklung und Unterentwicklung. Voraussetzungen und Schranken der Kapitalakkumulation in ökonomisch schwach entwickelten Ländern", Frankfurt a.M., 1980 und
Hurtienne, T.: "Peripher Kapitalismus und autozentrierte Entwicklung. Zur Kritik des Erklärungsansatzes von Dieter Senghaas", in: ProKla, Bd. 11, Heft 44, 1981, S. 105 - 135.

(6) Frankfurter Rundschau vom 9.2.1979

I. ARBEITSBEDINGUNGEN

1. Arbeitszeiten

Ein wesentliches Bestimmungsmoment der Arbeitsbedingungen ist die Länge des Arbeitstages und die Anzahl der Wochenarbeitstage, die den Lohnarbeitern abverlangt werden.

Bevor die Arbeitszeiten der Erwerbstätigen und insbesondere der Lohnarbeiter des Kapitals in der Phase der exportorientierten Industrialisierung dargestellt werden, soll ein kurzer Blick in die Arbeitszeiten in der Zeit davor Auskunft über die Ausgangsbedingungen der später folgenden Industrialisierung geben. Zu fragen ist, ob mit der forcierten Exportproduktion ab Mitte der 60er Jahre die Arbeitszeiten zunahmen und welche staatlichen Maßnahmen dafür getroffen wurden.

1.1. Die Arbeitszeiten in der Kolonialzeit und während der amerikanischen Besatzung (1910 - 1948)

Unter der japanischen Kolonialherrschaft (1910 - 1945) wurden die Koreaner zu langen Arbeitszeiten gezwungen. Der Arbeitstag in großen Unternehmen erreichte 11 Stunden täglich. In kleinen und mittleren Unternehmen wurde 12 und 13 Stunden gearbeitet. (1) Eine gesetzliche Schranke der Arbeitszeit wurde den Unternehmern, die zum größten Teil Japaner waren, (2) nicht auferlegt. Die Wochenarbeitszeiten waren übermäßig hoch. Nach einer Untersuchung in 213 Bergwerken im Jahre 1931 hatten nur 5,8% der Arbeiter 3 Ruhetage im Monat; 43,6% zwei arbeitsfreie Tage und 44% der Bergleute hatten während eines Monats keinen einzigen Ruhetag. (3) Schon zu damaliger Zeit arbeiteten die Frauen länger als die Männer und die Kinder länger als die Erwachsenen. Während die Männer 10 Stunden täglich arbeiteten, mußten die Frauen 10,25 Stunden und die Kinder 10,33 Stunden arbeiten. (4)

Am 7. November 1946 verfaßte die amerikanische Militärregierung ein Gesetz, das die Arbeitszeiten auf acht Stunden täglich und 48 Stunden

wöchentlich festlegte. Eine Ausdehnung der Arbeitszeit bis zu 60
Wochenstunden wurde den Unternehmern nur mit der Einwilligung der
Gewerkschaft oder der betroffenen Arbeiter ermöglicht. Die Überstunden
sollten mit 150% des Normallohns abgegolten werden. Eine Verlängerung
über 60 Stunden hinaus wurde nur in einem Notfall (wenn Leben oder
Eigentum geschützt werden mußte) gestattet. Darüber hatte die zuständige Regierungsstelle zu entscheiden. (5)

Die gesetzliche Normierung der Arbeitszeit wurde allerdings häufig
verletzt. Insbesondere wurde der gesetzlich angeordnete Überstundenlohn
nur selten ausgezahlt. (6) Die Arbeitszeiten waren aber nicht mehr
so hoch als in der japanischen Kolonialzeit. Die durchschnittliche Wochenarbeitszeit in der verarbeitenden Industrie betrug im Jahre 1949
47 Stunden. Die Bergleute hatten eine 50-Stundenwoche. Ihre Ruhetage
umfaßten 3 - 4 Tage im Monat. (7)

1.2. Arbeitszeiten nach dem "Labour Standard Law" (8)

Nach der Gründung der Republik Korea (1948) gab es lange Zeit keine
Arbeitsgesetzgebung. Erst innerhalb des Labour Standard Laws (ab hier:
LSL), das die Nationalversammlung 1953 verabschiedete, wurden die
Normalarbeitszeiten festgesetzt. Der Achtstundentag und die 48-Stundenwoche wurden dem amerikanischen Gesetz von 1946 entnommen. In
der koreanischen Gesetzgebung wurde auch die mögliche Ausdehnung
der Arbeitszeit auf 60 Wochenstunden aufrechterhalten. Allerdings sind
in dem LSL einige wesentliche Bestimmungen abgeändert:

Ersten müssen nicht alle Überstunden besser bezahlt werden. (9)
Zweitens enthält die Gesetzesfassung keine Bestimmung, die eine
Bestrafung im Falle einer Gesetzesverletzung vorsieht. Drittens wurde
die Verlängerung der Arbeitszeit über 60 Wochenstunden hinaus in der
amerikanischen Fassung nur in einem Notfall gewährt, während das
LSL von einem "besonderen Umstand" redet, der vorliegen muß, damit
das zuständige Ministerium (10) die Arbeitszeitverlängerung bewilligt.

Nach dem LSL beträgt die Arbeitszeit für Kinder ab 13 Jahren
7 Stunden täglich und 42 Stunden in der Woche. Im Gegensatz zu

der amerikanischen Gesetzgebung kann das Ministerium die Arbeitszeit auf 9 Stunden täglich heraufsetzen. (11)

Die Arbeitspausen sind nach dem LSL folgendermaßen geregelt: alle Beschäftigten erhalten mindestens 30 Minuten Ruhezeit während einer vierstündigen Arbeit. Für acht Arbeitsstunden werden 60 Minuten Pause gewährt. Die Ruhezeiten bleiben unbezahlt.

Die Regelung der arbeitsfreien Tage ist der folgenden Aufstellung zu entnehmen. Alle angeführten Ruhetage sollen nach dem Gesetz den Arbeitern bezahlt werden.

Arbeitsfreie Tage und Urlaubsregelung

Gewährung	Bedingung
- ein Ruhetag pro Woche	- kein Ausfalltag (arbeitsfreie Tage aufgrund von Berufskrankheiten oder Betriebsunfälle gelten nicht als Ausfalltage)
- ein Ruhetag pro Monat	- wie oben
- acht Tage Urlaub pro Jahr; bis 20 Tage Urlaub pro Jahr je nach den Jahren der Betriebszugehörigkeit	- wie oben
- drei Urlaubstage pro Jahr	- wenn die Ausfallzeit nicht mehr als 10% der Jahresarbeitstage betragen hat
- ein zusätzlicher Ruhetag im Monat für Frauen (Menstruation)	
- 60 Tage Mutterschaftsurlaub	- mindestens 30 Tage nach der Geburt
- 15 gesetzliche Feiertage im Jahr (12)	

Ursprünglich wurde das LSL von 1953 auf alle Wirtschaftsunternehmen angewandt. Im Jahre 1975 beschränkte die südkoreanische Regierung jedoch seine Anwendung auf Betriebe mit 16 und mehr Beschäftigten.

Ein Jahr später wurde das Gesetz auf Betriebe mit fünf und mehr Arbeitern ausgedehnt. Die wichtigsten Verordnungen über die Arbeitsbedingungen blieben jedoch weiterhin für Kleinbetriebe (unter 16 Beschäftigte) ungültig. Es sind folgende Bestimmungen:
- vorherige Ankündigung der Entlassung
- sämtliche Bestimmungen bezüglich Arbeitszeiten, Urlaubs- und Ruhetage
- Überstundenbezahlung
- Finanzierung sozialer Leistungen wie z.b. Entlassungsgelder
- sämtliche Bestimmungen, die die Kinder- und Frauenarbeit betreffen (Nachtarbeit, Überstunden), ausgenommen das Verbot von gesundheitsgefährdenden Arbeiten (z.B. Arbeit im Bergbau).

Auch das kürzlich revidierte Arbeitsgesetz (LSL vom 31.12.1980) schließt die Kleinbetriebe mit weniger als 16 Beschäftigten von diesen Bestimmungen aus.

Aufgrund der ungleichen Anwendung der LSL auf die Wirtschaftsunternehmen ist davon auszugehen, daß die schlechtesten Arbeitsbedingungen (ebenso auch die Kinderarbeit) in den kleinen Unternehmen zu finden sind.

Das neugefaßte Arbeitsgesetz enthält, entgegen den offiziellen Bekundungen, anstatt Verbesserungen der Arbeitsbedingungen eine Vielzahl an Restriktionen der Rechte der Arbeiter. Im folgenden werden die neuen Bestimmungen über die Arbeitszeiten kurz dargestellt und interpretiert, um ein Beispiel für die daraus resultierenden Verschlechterung der Arbeitsbedingungen zu geben.

Die Arbeitszeiten sind in dem neuen Gesetz wie schon 1953 geregelt:

"Hours of work shall be eight (8) hours a day excluding rest period, and fourty eight (48) hours a week. However, the work hour may be extended to a maximum of 12 hours a week with an agreement between the parties concerned." (13)

Dennoch ist eine Wochenarbeitszeit von 60 Stunden noch nicht ausreichend für die Interessen des Kapitals. So können die Arbeiter, wenn das Unternehmen in Schwierigkeiten gerät, die angeforderten Exportwaren zu dem vereinbarten Termin fertigzustellen, zu weiteren Überstunden herangezogen werden. Für solche "besonderen Umstände" hat die Regierung einen Zusatz in das Gesetz aufgenommen:

"Employer may extend, with an approval of the Ministry of Labour, the working hours prescribed in §1 when a special circumstance existed. In an emergency case where an advance approval was not possible a defacto approval shall be obtained without delay." (14)

Um das Arbeitsministerium zu entlasten und dem Kapital einen größeren Spielraum in der Verwendung der Arbeitskräfte einzuräumen, ist das Gesetz vom 31.12.1980 um eine flexiblere Überstundenregelung erweitert worden. Mit diesem neuen Zusatz sind der Achtstundentag und die 48-Stundenwoche, wie sie noch 1953 festgesetzt wurden, de facto zurückgenommen worden. Es heißt darin:

"With an agreement between the concerned parties, an employer may require work in excess of 8 hours on certain day an 48 hours in a certain week, as far as it does not exceed weekly average of 48 hours during the four-week period." (15)

Auch im Hinblick auf die Arbeitsbedingungen der Kinder (Personen von 13 - 18 Jahren) und der Frauen hat das neue Gesetz keine Verbesserungen gebracht.

Wie schon im LSL von 1953 formuliert wurde, ist es Kindern und Frauen untersagt, gesundheitsgefährdenden Arbeiten nachzugehen. Ebenso ist ihnen die Nachtarbeit (22 - 6 Uhr) verboten. Allerdings ist die letztere Bestimmung im Jahre 1975 in ihrer Anwendung auf Betriebe mit 16 und mehr Beschäftigten beschränkt worden und wurde auch in dem neuen Gesetz nicht auf alle Betriebe ausgedehnt.

Eine wesentliche Veränderung der gesetzlichen Arbeitszeiten der Personen unter 18 Jahren erlaubt es dem Kapital, die Minderjährigen als vollwertige Arbeiter in den Produktionsprozeß einzubeziehen. Die Gesetzgebung von 1953 hatte noch einen Normalarbeitstag der Kinder auf 7 Stunden begrenzt und eine Verlängerung dieser Arbeitszeit an die Genehmigung des zuständigen Ministeriums geknüpft. Das neue Gesetz hat die Situation für die lohnabhängigen Kinder und Jugendlichen verschärft: Die Länge des Arbeitstages soll nach der neuen Bestimmung zwischen den Arbeitern und der Unternehmensleitung "vereinbart" ("with an agreement of the parties concerned") werden. (16) Was nichts anderes bedeuten kann, als daß der Unternehmer die Tagesarbeitszeit diktiert. Eine 48-Stundenwoche bei einer achtstündigen Tagesarbeitszeit ist mit dem neuen Gesetz für ein Kind im Alter von

13 Jahren demnach auch in Betrieben mit über 16 Beschäftigten legalisiert. Dies entspricht in keiner Weise der ILO-Convention über die Kinderarbeit von 1973. Es heißt darin:

"The minimum age specified in pursance of paragraph 1 of this Article shall not be less than the age of completion of compulsary schooling and, in any case, shall not be less than 15 years." (17)

Kinder und Heranwachsende bedürfen nach der ILO einen besonderen Schutz des Staates, da eine belastende Lohnarbeit ihre notwendige physische und geistige Entwicklung behindert. Die koreanische Politik erhebt sich über alle internationalen Vereinbarungen, indem sie die Kinderarbeit unter Hinweis auf die Interessen des Kapitals fördert:

"Moreover, most of the employers had hesitated to employ those minor employees because employing the minors needed much red tapes in the procedures while they could not be put into works of regular 8 hours a day like other employees. Every minor wanting to be employed has a very much adverse conditions of living and that is why their employment requirement is so real." (18)

Demnach ist die Kinderarbeit in den Augen der südkoreanischen Regierung kein sozialer Mißstand, dem durch ein Gesetz Einhalt geboten werden soll. Im Gegenteil wird von staatlicher Seite die Rahmenbedingung geschaffen, um die Minderjährigen in den kapitalistischen Unternehmen legal verheizen zu können.

Die Notwendigkeit der Kinderarbeit resultiert zudem aus dem allgemein niedrigen Lohnniveau in Südkorea, das ebenfalls durch eine staatliche Repressionspolitik zementiert wird. Wir werden an späterer Stelle in dieser Arbeit sehen, daß der Verdienst des Familienvorstandes in vielen Fällen nicht ausreicht, um der Familie eine normale Reproduktion zu ermöglichen. Kinderarbeit resultiert ja gerade aus der Armut der Familie und aus dem Willen des Kapitals, eine unverbrauchte und leicht zu disziplinierende Arbeitskraft der erwachsenen vorzuziehen.

1.3. Zusammenfassung

Der Rückblick in die historische Vergangenheit hat einmal gezeigt, daß lange Arbeitszeiten in Korea üblich waren und zum anderen, daß die höchsten Arbeitszeiten von den Frauen und den Kindern geleistet wurden.

Die Maßnahmen der amerikanischen Zwischenregierung, die nach der Dekolonisation zur Verbesserung der Arbeitsbedingungen getroffen wurden, sind nach und nach von der südkoreanischen Regierung aufgehoben worden, um den Erfordernissen einer funktionierenden exportorientierten Industrialisierung zu entsprechen. So wurde mit der neuen Arbeitsgesetzgebung (vom 31.12.1980) der Normalarbeitstag de facto aufgehoben und der Arbeitstag für Kinder auf acht Stunden ausgedehnt. Damit können die eigentlich schutzbedürftigen Personen im kapitalistischen Ausbeutungsprozeß ohne staatliche Einmischung für das Profitinteresse des Kapitals voll eingesetzt werden.

Die Lohnarbeiter, die ihre Beschäftigung in kleinen Wirtschaftsunternehmungen (bis 15 Beschäftigte) finden, haben noch immer keinen Anspruch auf eine Überstundenbezahlung, auf arbeitsfreie Tage und auf auch nur minimale Sozialleistungen. Selbst die Nachtarbeit für Frauen und Kinder ist in den Kleinbetrieben bis heute nicht verboten.

Schauen wir nun in das empirische Material, um die Arbeitszeiten der Erwerbstätigen und der Lohnarbeiter des Kapitals in Erfahrung zu bringen.

1.4. Die Arbeitszeiten der Erwerbstätigen

1.4.1. Anmerkungen zu dem vorhandenen statistischen Material

Der folgenden Darstellung der Arbeitszeiten der Erwerbstätigen in Südkorea liegen zwei verschiedene Quellen der Regierung zugrunde: einmal veröffentlicht das Statistische Büro des **Economic Planing Board** (ab hier: EPB) in dem Statistischen Jahrbuch eine Übersicht, in der alle Erwerbstätigen nach den geleisteten Wochenarbeitsstunden auf-

geführt sind. Da nach der Definition des EPB alle Personen, die
wöchentlich mindestens eine Stunde für Lohn oder Gewinn arbeiten
und mindestens 13 Jahre alt sind, als erwerbstätig gelten, enthält die
Statistik neben den Dauerbeschäftigten alle Tagelöhner und Personen,
die nur vorübergehend einer Beschäftigung nachgehen. Die durchschnittlichen Arbeitsstunden, wie sie in der Tabelle 1 aufgeführt sind, geben
demnach nicht die Anzahl der geleisteten Arbeitszeiten der Lohnarbeiter
mit einem festen Arbeitsverhältnis wieder. Eine Differenzierung nach
den tatsächlich geleisteten Wochenarbeitsstunden liefert die Tabelle 2.
Allerdings sind die Stundengruppen, nach der das EPB die Erwerbstätigen
aufschlüsselt, völlig absurd gewählt, um die Höhe der geleisteten Arbeitsstunden der Mehrheit der regelmäßig arbeitenden Personen aufzeigen
zu können. Die letztgenannte Arbeitszeitkategorie, die 54 und mehr
Stunden umfaßt, enthält die Mehrheit der Erwerbstätigen. Die Unzulänglichkeit der Zeiteinteilung erhöht sich noch, wenn in Rechnung
gestellt wird, daß die durchschnittlichen Arbeitszeiten in dem Sekundär-
und dem Tertiärsektor fast ohne Ausnahme über 54 Stunden pro Woche
liegen (z.B. 1977: 60,3 Stunden).

Der Informationsgehalt koreanischer Statistik zeigt sich hier exemplarisch:
Dem eigentlichen Zweck der Statistik, nämlich Aufklärung über die
wirkliche Länge des Arbeitstages bzw. über die tatsächlich geleisteten
Arbeitsstunden zu geben, ist damit willentlich nicht entsprochen worden.

Ein weiteres Problem dieser Statistik ist die fehlende Unterscheidung
der Erwerbstätigen nach der ökonomischen Form, in der sie ihre Arbeit
verrichten. Die Angaben der Arbeitszeiten der Erwerbstätigen nach
den drei Wirtschaftsbereichen, wie sie das EPB liefert, beziehen sich
auf alle Personen, gleichgültig aus welcher Quelle sie ihren Erwerb
beziehen. So sind in den Angaben die Arbeitszeiten der Kapitalisten,
der kleinen Selbständigen, der Lohnarbeiter des Kapitals und des isolierten
Sektors, der Staatsbeschäftigten und last not least des Dienstpersonals
der Kapitalisten enthalten.

Die zweite statistische Quelle, die verfügbar ist und in dieser Arbeit
ihre Verwendung findet, wird von dem **Arbeitsministerium** herausgegeben.
Die Daten erfassen für 1980 ca. 2.700.000 Personen, die in 38.176

Wirtschaftsunternehmen arbeiten. Ausgeschlossen sind alle Betriebe, die weniger als 10 regulär Beschäftigte haben. Ebenso sind Tagelöhner in die Erhebung nicht aufgenommen. (19)

Da desweiteren die Staatsbeschäftigten, einschließlich der Armeeangehörigen, nicht erfaßt sind, ist es meines Erachtens gerechtfertigt, die Aussagen dieser Statistiken auf die **Lohnarbeiter des Kapitals** zu beziehen. (20)

Es ist anzunehmen, daß die Arbeitszeiten nach den offiziellen Quellen niedriger ausfallen als in Wirklichkeit. Nach der Darstellung der offiziellen empirischen Daten werden deshalb auf Berichte der betroffenen Arbeiter/innen zurückgegriffen, um ein Bild der wirklichen Verhältnisse aufzuzeigen.

1.4.2. Wochenarbeitsstunden der Erwerbstätigen nach Wirtschaftsbereichen

In der Tabelle 1 sind die Wochenarbeitsstunden der Erwerbstätigen nach Wirtschaftsbereichen angegeben.

Tabelle 1: Wochenarbeitsstunden der Erwerbstätigen nach Wirtschaftsbereichen

Wirtschaftsbereich	1963	1966	1968	1970	1971	1972	1973	1974	1975	1976	1977	1978	1979	1980
Land- und Forstwirtschaft (1)	42,9	40,8	40,9	40,7	41,3	43,7	43,3	45,9	45,7	48,5	46,5	47,0	45,6	45,4
Bergbau und verarbeitende Industrie	57,3	55,6	55,8	53,6	54,1	56,0	57,9	58,4	58,9	59,0	58,0	58,4	58,2	56,8
Dienstleistungen (2)	54,3	56,5	58,3	57,1	58,2	58,5	59,4	59,0	59,3	59,9	60,3	59,9	59,7	59,4

Anmerkungen:
(1) einschließlich Jagd und Fischerei
(2) einschließlich Bauwirtschaft, Wasserversorgung, Gemeinschaftseinrichtungen

Quelle:
"Korea Statistical Yearbook" der Jahre 1966, 1971 und 1980, EPB, RoK
"Annual Report on the Economic Acitve Population Survey", 1980 EPB, RoK

Die Tabelle zeigt für die verarbeitende Industrie und für den Dienstleistungssektor sehr hohe Arbeitszeiten: sie liegen in dem Bereich der verarbeitenden Industrie ab 1972 zwischen 55 und 59 Stunden die Woche. Die Arbeitszeiten der Beschäftigten im Dienstleistungsbereich übersteigen

die der Industriearbeiter und erreichen über 59 Stunden die Woche.
Die niedrigsten Arbeitszeiten sind in der Land- und Forstwirtschaft
zu finden. Bis 1973 werden in diesem Wirtschaftsbereich weniger als
45 Stunden pro Woche gearbeitet. Ein leichter Anstieg der Arbeitszeiten
ist ab 1974 festzustellen. Die relativ niedrigen Angaben sind auf die
saisonalen Schwankungen der aufzuwendenden Arbeiten auf dem Feld
zurückzuführen. So wird in den Sommermonaten mehr gearbeitet als
während der Winterzeit. Die koreanische Agrikultur umfaßt fast keine
Viehzucht, die den Bauern in den Wintermonaten eine Beschäftigung
geben könnte. Weiterhin ist die Unterbeschäftigung auf dem Land
stärker ausgeprägt als in der Stadt, so daß im Agrarsektor die durchschnittlichen Arbeitszeiten niedriger ausfallen.

In der Tabelle 1 sind die durchschnittlichen Wochenarbeitszeiten dargestellt. Es stellt sich die Frage, ob bestimmte Teile der Erwerbstätigen
überdurchschnittlich lange arbeiten und ob andererseits Personen unter-
beschäftigt sind.

In der Tabelle 2 sind die Erwerbstätigen nach den geleisteten Wochenarbeitsstunden aufgeführt.

Tabelle 2: Prozentuale Verteilung der Erwerbstätigen nach Wochenarbeitsstunden
und Wirtschaftsbereichen für die Jahre 1970 und 1980

Wirtschaftsbereich	Jahr	1-17	18-26	27-35	36-44	45-53	54 u. mehr Std.
Land- und Forst-	1970	8,6	11,8	10,9	26,7	18,2	23,4
Wirtschaft (1)	1980	0,7	8,7	11,8	29,6	20,2	29,9
Bergbau und verar-	1970	0,7	2,4	3,3	16,4	27,4	49,1
beitende Industrie	1980	0,3	1,2	2,1	8,3	24,7	62,8
Dienstleistungen (2)	1970	1,5	2,4	3,3	20,2	20,5	51,6
	1980	0,6	1,6	2,9	13,5	20,2	60,8

Anmerkungen:
(1) einschließlich Jagd und Fischerei
(2) einschließlich Bauwirtschaft, Wasserversorgung,
Gemeinschaftseinrichtungen

Quelle:
"Korea Statistical Yearbook",
1971 und 1980, EPB, RoK

In der **Land- und Forstwirtschaft** sind 1970 noch 20,4% der Erwerbstätigen
unter 27 Stunden beschäftigt. Im Jahre 1980 ist die Anzahl dieser unterbeschäftigten Personen um die Hälfte reduziert. Es sind noch 9,4%.

Andererseits arbeiten 1970 nur 23% über 54 Stunden die Woche, während es 1980 schon 29,9% sind. Die Zunahme der Arbeitszeiten in der Landwirtschaft mit Anfang der 70er Jahre (vgl. Tabelle 1) entspricht demnach einer Abnahme der unterbeschäftigten Personen und gleichzeitig einer Zunahme der Wochenarbeitszeit der Vollbeschäftigten in den letzten 10 Jahren.

Die Erhöhung der aufgewandten Arbeitszeit im Bereich der Land- und Forstwirtschaft läßt sich auf zwei Faktoren zurückführen:

1. Der größte Effekt ergibt sich aus der planmäßig herbeigeführten Reduzierung der Arbeitskräfte in den ländlichen Regionen. Mit dem Aufbau der Industrieanlagen und dem Bedarf der Unternehmen an jungen Arbeitskräften, verließen Tausende die ländlichen Haushalte, um in der Stadt Arbeit zu finden. Die Folge auf dem Land war der erhöhte Arbeitseinsatz der zurückgebliebenen Landbevölkerung. (21)

2. Ein weiterer Aufschlag auf die Arbeitszeiten ergibt sich aus den angeordneten Arbeiten im Zuge der "Saeumaul-Umdong"-Bewegung, die Präsident Park 1971 ins Leben gerufen hat.

> "Landwirtschaftliche 'Modernisierungskampagnen' haben aus den Bauern zusätzliche Arbeitsstunden herausgepreßt, ohne daß sich dadurch die ländliche Armut wirksam eindämmen ließ." (22)

In der **verarbeitenden Industrie** haben die Arbeitszeiten im Laufe der 70er Jahre stark zugenommen. Lag die durchschnittliche Wochenarbeitszeit 1970 schon mit 53,6 Stunden im internationalen Vergleich sehr hoch, so stieg sie Mitte der 70er Jahre über die 58-Stundenmarke (1976 betrug sie 59 Stunden). Erinnern wir uns an die Normalarbeitszeit von 48 Stunden pro Woche, wie sie das LSL vorsieht, entlarvt sich in der weiten Diskrepanz von Gesetz und Wirklichkeit die Bedeutungslosigkeit der koreanischen Arbeitsgesetzgebung für die Arbeiter/innen.

Betrachten wir die Erwerbstätigen des produzierenden Gewerbes nach deren wöchentlichen Arbeitszeiten in den Jahren 1970 und 1980 im Vergleich (vgl. Tabelle 2), zeigt sich eine deutliche Verschiebung der mengenmäßigen Verteilung in Richtung der höheren Arbeitszeitkategorien. Die Personen, die weniger als 54 Stunden die Woche arbeiten, nehmen bis 1980 ab, während umgekehrt die Personen, die über 54 Wochenarbeitsstunden ableisten, zunehmen. 1970 arbeiten 49% 54 Stunden und mehr, 1980 sind es bereits ca. 63% (1979 waren es sogar 69%). Die "Normalarbeitszeit" liegt demnach in Südkorea 1980 bei mindestens 54 Wochenstunden. Daraus abgeleitet könnte man die Unterbeschäftigung noch bei einer Wochenarbeitszeit von 44 Stunden theoretisch ansetzen. Die tatsächliche Höhe der Arbeitsstunden pro Woche für den größten Teil der Erwerbstätigen läßt sich mit den Daten dieser Statistik leider nicht ermitteln. Da aber die Durchschnittswerte der Arbeitszeiten Ende der 70er Jahre beinahe 60 Stunden betragen, müssen wir schließen, daß ein verhältnismäßig großer Teil der Erwerbstätigen der verarbeitenden Industrie weit über 54 Stunden die Woche arbeiten muß.

Die höchsten Wochenstunden sind nach Tabelle 1 im Bereich der **Dienstleistungen** angegeben. Ab 1973 liegen die Arbeitszeiten über 59 Stunden die Woche. Arbeiten 1970 noch 51,6% der Personen über 54 Stunden, erreichen 1980 schon 60,8% diese Stundenzahl. Die Anzahl der Unterbeschäftigten hat ebenfalls in den letzten zehn Jahren abgenommen. 1970 arbeiteten noch 3,9% unter 27 Stunden, während es im Jahre 1980 nur noch 2,2% sind.

Gerade im Dienstleistungssektor sind Erwerbstätige zusammengefaßt, die sich nach ihrer Tätigkeit und nach der ökonomischen Form ihrer Arbeit stark unterscheiden. So sind hier einmal die Staatsbeamten, die ihr Gehalt aus dem Staatseinkommen beziehen neben den Kapitalisten des Geld- und Warenhandels, die ihren Lebensunterhalt aus ihrem Profit bestreiten, vertreten. Daneben umfaßt der Dienstleistungssektor die Lohnarbeiter des Kapitals, das Dienstpersonal der Kapitalisten und, den quantitativ bedeutendsten Bereich, die kleinen Selbständigen. Im Jahre 1980 sind 41% der Personen, die im Tertiärbereich ihre Arbeit finden, Selbständige und mithelfende Familienangehörige. (23) Es ist daher anzunehmen, daß die größten Differenzen in den Arbeitszeiten der Erwerbstätigen innerhalb dieses Wirtschaftssektors vorzufinden sind.

Die höchsten Wochenarbeitsstunden im Dienstleistungsbereich werden die kleinen Selbständigen und die mithelfenden Familienangehörigen ableisten. Die Mehrzahl dieser Personen betreibt ein kleines Restaurant, die sogenannte Garküche, oder ist im Einzelhandel tätig. Die Arbeitszeiten der Garküchenbesitzer und der "fliegenden Händler" erreichen oft gänzlich die aktive Zeit des Menschen: so sind die kleinen Restaurants die ganze Woche über von morgens 8 Uhr bis kurz vor Mitternacht (ab 0.00 Uhr ist in Südkorea Ausgangssperre) geöffnet. Der Straßenverkauf geht ebenfalls bis spät in den Abend. (24)

Die gleichen hohen Arbeitszeiten der Erwerbstätigen, die auf eigene Rechnung arbeiten ("own-account-workers"), werden dem Dienstpersonal der Oberschicht abverlangt. Die persönlichen Bediensteten stehen in einem persönlichen Arbeitsverhältnis, das ohne Arbeitsvertrag geregelt ist. Die Arbeitsbedingungen sind unterschiedlich und richten sich nach den Vorstellungen des Arbeitgebers.

Im Gegensatz zu den überdurchschnittlich hohen Wochenarbeitszeiten der kleinen Selbständigen und der Dienstboten liegen die Arbeitszeiten der Staatsbeamten, der Bankangestellten und anderer qualifizierter Lohnarbeiter unter 50 Stunden die Woche.

1.4.3. Die Wochenarbeitsstunden der Lohnarbeiter des Kapitals

In der Tabelle 3 sind die Wochenarbeitsstunden der Lohnarbeiter des Kapitals für die Jahre 1970 bis 1980 nach Wirtschaftsbereichen angegeben (siehe S. 14).

Die höchsten Arbeitszeiten sind im Bergbau und in der verarbeitenden Industrie zu finden: die Industriearbeiter leisteten in den Jahren 1970 bis 1980, mit Ausnahme der Jahre 1974 und 1975, zwischen 51 und 52 Stunden pro Woche ab. Um die 50 Stunden pro Woche wird in der Bauwirtschaft, im Gaststättengewerbe, im Handel und in den Bereichen Transport, Lagerung und Kommunikation gearbeitet.

Im Vergleich zu dem industriellen Sektor der Wirtschaft sind die Arbeitszeiten in den Dienstleistungsbereichen deutlich niedriger: So betragen die Wochenarbeitsstunden der Beschäftigten des Geldhandelbereiches (Finanzen, Immobilien, Versicherungen) und der Angestellten des Zweiges der kommunalen und sozialen Dienste in dem betrachteten Zeitraum selten über 48 Stunden.

Tabelle 3: Wochenarbeitsstunden der Lohnarbeiter des Kapitals nach Wirtschaftsbereichen
(1970 - 1980)

Jahr	1	2	3	4	5	6	7
1970	52,9	49,0	47,2	48,6	53,1	48,6	50,3
1971	51,6	49,1	51,3	50,7	55,5	50,7	49,9
1972	51,1	48,1	48,8	50,5	50,9	49,5	51,5
1973	51,1	49,0	47,9	52,5	51,3	48,5	46,3
1974	49,6	47,2	48,1	50,7	51,3	48,4	47,0
1975	50,1	47,4	48,8	49,3	50,9	48,6	48,2
1976	52,0	45,8	46,7	49,1	50,4	47,7	46,7
1977	52,4	44,4	49,0	51,0	49,1	45,4	46,2
1978	52,5	45,8	48,4	50,8	49,1	44,6	46,4
1979	51,5	44,4	49,1	49,4	49,5	44,8	46,0
1980	52,7	48,5	50,4	50,6	50,9	45,5	47,2

Wirtschaftsbereiche (1 - 7):

1 Mining and Manufacturing
2 Electricity, Gas, Water
3 Construction
4 Wholesale, Retail Trade, Restaurants, Hotels
5 Transport, Storage, Communication
6 Financing, Insurance, Real Estate, Business Services
7 Community, Social and Personal Services

Quelle:
"Yearbook of Labour Statistics"
Ministry of Labour, 1981, RoK
und eigene Berechnung

Anmerkung:
Das Arbeitsministerium veröffentlicht die monatlich geleisteten Arbeitsstunden; die Wochenarbeitsstunden sind wie folgt errechnet:
Summe der monatlichen Arbeitsstunden multipliziert mit $\frac{7}{30,4}$ ergibt die durchschnittliche Summe der geleisteten Arbeitsstunden pro Woche.

Die Arbeitszeiten der Beschäftigten in der Elektrizitäts-, Gas- und Wasserversorgung sind ebenfalls relativ niedrig: In den letzten 10 Jahren wurden in diesem Sektor häufig unter 48 Stunden die Woche gearbeitet.

Eine Zunahme der Wochenarbeitszeiten in allen Wirtschaftsbereichen ist für das Jahr 1980 festzustellen.

Um die Arbeitszeiten der Industriearbeiter näher zu betrachten, sind in der Tabelle 4 die Arbeitsstunden dieser Personen nach den Hauptindustriezweigen angegeben.

Tabelle 4: Durchschnittlich geleistete Wochenarbeitsstunden der Lohnarbeiter der verarbeitenden Industrie nach Industriezweigen (1970 - 1980)

Jahr	1	2	3	4	5	6	7	8
1970	52,7	53,3	56,5	52,2	52,9	51,4	55,3	51,8
1971	52,0	52,6	57,4	51,9	52,7	52,0	52,9	51,7
1972	51,7	52,4	56,9	50,7	51,5	52,1	52,7	50,6
1973	50,9	52,7	57,2	44,4	50,5	52,5	52,9	44,6
1974	48,4	50,5	52,9	48,7	50,4	49,5	51,0	49,1
1975	47,8	51,5	54,9	48,7	52,1	49,5	50,4	48,8
1976	50,6	53,4	54,1	51,3	54,3	51,4	52,6	51,4
1977	53,2	53,8	57,9	52,7	53,1	52,9	53,6	51,2
1978	53,2	53,4	58,2	52,0	53,9	52,7	54,0	51,8
1979	52,7	52,9	55,6	51,9	52,7	51,1	53,5	50,4
1980	52,6	55,3	54,2	53,1	52,7	54,1	54,7	50,8
ø	51,4	52,9	56,0	51,1	52,4	51,7	53,1	50,6

Industriezweige (1 - 8):

1 Nahrungsmittelindustrie
2 Textil- und Bekleidungsindustrie
3 Holzindustrie
4 Papierindustrie, Druckgewerbe
5 Chemische Industrie, Mineralöl- und Kohleverarbeitung, Gummiverarbeitung
6 Verarbeitung von Steinen und Erden
7 Eisen- und Metallerzeugung
8 Metallverarbeitung, Maschinen- und Fahrzeugbau, Elektrotechnische Industrie

Quelle:
siehe Tabelle 3

Die Arbeitszeiten der Lohnarbeiter des industriellen Kapitals betragen in den Jahren 1970 bis 1980 über 50 Stunden die Woche (mit Ausnahme einiger Industriebranchen in den Jahren 1974 und 1975). Die Abnahme der Arbeitsstunden Mitte der 70er Jahre resultiert aus den rückläufigen Exportaufträgen in dieser Zeit. (25)

Insgesamt lassen die Angaben aus der Tabelle 4 keine bedeutenden Unterschiede in der Höhe der Arbeitszeiten der verschiedenen Industriebranchen erkennen: In den arbeitsintensiven Bereichen sind die Arbeitszeiten nicht deutlich höher als in den kapitalintensiven Industriezweigen. So belaufen sich z.B. die Wochenarbeitsstunden in der Textil- und Bekleidungsindustrie im Jahre 1980 auf 55 Stunden. Mit 54,7 Stunden pro Woche in der kapitalintensiven Eisen- und Metallerzeugung liegen die Arbeitszeiten in ihrer Höhe relativ dicht beieinander.

In der Metallverarbeitung, dem Maschinen- und Fahrzeugbau, sowie der elektrotechnischen Industrie sind die niedrigsten Arbeitszeiten vorzufinden. Sie liegen ab 1972 nur wenig über 50 Stunden die Woche.

Die höchsten Arbeitszeiten werden in der Holzindustrie abgeleistet, was der Naturverbundenheit dieser Branche geschuldet ist. Im Jahre 1980 arbeiten allerdings nur 63.000 Personen in diesem Sektor (3% der Lohnarbeiter der verarbeitenden Industrie).

Die Homogenität der Arbeitszeiten in den einzelnen Industriezweigen des verarbeitenden Gewerbes verweist auf den fortgeschrittenen Industrialisierungsgrad Südkoreas. Die Mobilität der Arbeitskräfte scheint schon soweit gegeben, daß sich die Extensität der Arbeit zwischen den Industriezweigen ausgleichen kann. Die relative Konformität der Arbeitszeiten ist ein Faktor in der Ausgleichsbewegung des Exploitationsgrades der Arbeitskräfte zwischen verschiedenen Branchen. Wir werden an anderer Stelle dieser Arbeit die Frage stellen, ob mit dem Fortgang der Industrialisierung auch die Löhne der einzelnen Industriezweige sich angenähert oder auseinanderentwickelt haben.

Bisher haben wir die Arbeitszeiten nach den Wirtschaftsbereichen und den Industriezweigen dargestellt. Es zeigte sich, daß die niedrigsten Arbeitszeiten in dem Dienstleistungsbereich vorzufinden sind. Die Tatsache, daß gerade in diesem Sektor der Wirtschaft in Südkorea mehr Lohnarbeiter mit höherer Schulbildung beschäftigt sind als in anderen Wirtschaftsbereichen, veranlaßt uns nach der Bedeutung des Schulabschlusses für die Arbeitszeiten zu fragen. Zu vermuten ist, daß die Arbeitszeiten mit der Höhe des Schulabschlusses abnehmen. In der Tabelle 5 sind die Wochenarbeitszeiten der Lohnarbeiter des Kapitals nach deren Schulabschluß angegeben.

Tabelle 5: Wochenarbeitsstunden der Lohnarbeiter des Kapitals nach Schulabschluß (1980)

	Middle School und weniger	High School	Junior College	College und University	insgesamt
Arbeitsstunden	55,5	51,5	48,9	47,1	53,3
Personen in '000	1567	828	68	265	2728
Personen in %	57	31	2	10	100
Anteil der Frauen in %	49	30	18	7	39

Quelle:
"Yearbook of Labour Statistics"
1981, Ministry of Labour

Es zeigt sich, daß die Beschäftigten mit einer höheren Schulausbildung weit weniger Arbeitsstunden ableisten als die Lohnarbeiter, die nur über eine allgemeine Schulbildung verfügen. Die ersteren arbeiten 47,1 Stunden die Woche, während die letzteren über 55 Stunden arbeiten müssen.

Die Anteil der Frauen nimmt mit zunehmender Schulbildung kontinuierlich ab. Stellen die Frauen noch 49% der Schulabgänger der Elementar- bzw. der Mittelschule, so sind nur 7,4% der Hochschulabsolventen Frauen. Da mehr Männer als Frauen über eine bessere schulische Qualifikation verfügen, liegen die Arbeitszeiten der Frauen durchschnittlich höher als die der Männer. Ebenso werden die Arbeitszeiten in den Berufsgruppen, die eine höhere Schulbildung zur Voraussetzung haben, niedriger sein als die in den Berufen, für die eine allgemeine Schulbildung ausreichend ist.

Tabelle 6: Wochenarbeitsstunden der Lohnarbeiter des Kapitals nach Berufsgruppen, Geschlecht und Alter (1980)

		1	2	3	4	5	6	insgesam
Lohnarbeiter	in '000	165	97	575	13	121	1755	2726
	in %	6	4	21	1	4	64	100
Anteil der Frauen in %		16	1	38	54	36	44	39
Arbeitsstunden pro Woche	insges.	47,4	47,9	49,1	49,4	53,6	55,3	53,3
	Frauen	45,8	47,5	49,1	48,2	53,0	56,2	54,4
	Männer	47,5	47,9	49,1	51,9	54,1	54,8	52,6
⌀ Alter	Frauen	26,9	45,3	22,8	36,2	33,2	22,7	23,3
	Männer	34,7	43,2	32,5	28,3	38,0	30,6	32,4

Berufsgruppen (1 - 6):

1 Wissenschaftlich, technische Fachkräfte
  (Professional, Technical and Related Workers)
2 Verwaltungsfachkräfte
  (Administrative and Managerial Workers)
3 Bürokräfte
  (Clerical and Related Workers)
4 Verkaufskräfte
  (Sales Workers)
5 Dienstleistungsberufe
  (Service Workers)
6 Sonstige Berufe
  (Production and Related Workers, Transport Equipment Operators and Labourers)

Quelle:
"Yearbook of Labour Statistics"
1981, Ministry of Labour

Wie die Angaben der Tabelle 6 zeigen, belaufen sich die Arbeitsstunden der wissenschaftlich/technischen Fachkräfte und der Angestellten in hohen Verwaltungspositionen (Manager u.a.) auf weniger als 48 Stunden pro Woche. Die Lohnarbeiter in der Produktionssphäre erreichen im Gegensatz zu den letztgenannten Personen weit über 50 Wochenstunden: die weiblichen Beschäftigten 56,2, die männlichen 54,8 Wochenstunden. Eine Zwischenstellung nehmen die Bürokräfte ein: Sie arbeiten, Männer und Frauen gleich, 49,1 Stunden die Woche.

Der Anteil der Frauen ist, abgesehen von den Verkaufskräften, deren quantitative Bedeutung gering ist, am höchsten im Produktionsbereich. Sie stellen dort 43,9% der Arbeitskräfte. Ihre Arbeitszeiten sind wöchentlich um 1,4 Stunden höher als die der Männer. Ihr Alter beträgt im Durchschnitt 22,7 Jahre; das der Männer beläuft sich auf 30,6 Jahre. Aufgrund des Altersunterschiedes läßt sich vermuten, daß die Frauen vorwiegend einfache Tätigkeiten in der Produktion verrichten, während den Männern entweder die Aufsicht und Kontrolle oder aber qualifizierte Arbeiten vorbehalten sind.

Noch größer als im Produktionsbereich ist der Altersunterschied der Geschlechter in der Berufsgruppe der Bürokräfte. Die Frauen, die immerhin 38% aller Bürokräfte ausmachen, sind durchschnittlich 10 Jahre jünger als die Männer. Es ist demzufolge auch hier anzunehmen, daß die Frauen vorwiegend untergeordnete Tätigkeiten (z.B. Schreibdienste) verrichten müssen.

In den Dienstleistungsberufen (z.B. Köche, Friseure, Reinigungspersonal) arbeiten die Frauen durchschnittlich weniger als die Männer. Die Arbeitszeiten liegen mit 52 Stunden pro Woche für die Frauen und mit 54,1 Stunden für die Männer dicht hinter den Arbeitszeiten, die in der direkten Produktion abgeleistet werden.

In der Tabelle 7 sollen die Produktionsarbeiter, die mit 1.755.000 Personen 64,4% der Lohnarbeiter des Kapitals ausmachen, nach ihren Arbeitszeiten betrachtet werden. Hierbei ist von großer Wichtigkeit, die Frauen und die Männer getrennt darzustellen, da aus der vorherigen Tabelle schon hervorging, daß die Frauen durchschnittlich länger arbeiten als die Männer. Um eine breite Aufschlüsselung der Arbeiter und

Arbeiterinnen nach deren geleisteten Arbeitszeiten zu erhalten, sind in Tabelle 7 die Arbeitsstunden nach den Lohngruppen aufgeschlüsselt.

Tabelle 7: Wochenarbeitsstunden der Produktionsarbeiter des Kapitals nach Lohngruppen und Geschlecht (1980)

Lohngruppen (in won)	Frauen Arbeitsstunden pro Woche in Std.	in % (1)	Männer Arbeitsstunden pro Woche in Std.	in % (1)
bis 39.9	40,3	2,0	40,6	0,4
40 - 49.9	47,7	8,8	46,6	1,5
50 - 59.9	52,1	23,2	48,2	3,9
60 - 69.9	55,0	44,3	51,2	7,2
70 - 79.9	57,5	64,4	52,5	11,8
80 - 89.9	59,3	79,2	53,1	17,4
90 - 99.9	61,1	88,4	54,3	23,4
100 - 109.9	62,3	93,8	54,8	30,0
110 - 119.9	62,6	96,6	55,6	36,4
120 - 139.9	60,9	98,7	55,1	50,4
140 - 159.9	60,9	99,2	56,2	61,9
160 - 179.9	59,8	99,4	56,2	70,7
180 - 199.9	59,6	99,5	56,1	78,3
200 - 219.9	59,1	99,6	55,9	84,6
220 - 239.9	58,1	99,7	55,8	89,0
240 - 259.9	54,6	99,8	55,1	92,4
260 - 279.9	56,5	99,8	56,0	94,7
280 - 299.9	51,3	99,9	56,9	96,2
300 - 349.9	57,4	99,9	57,8	98,6
350 - 399.9	57,6	99,9	58,5	99,4
400 - 499.9	53,3	99,9	53,6	99,8
500 - 599.9	53,3	100,0	56,4	99,9
über 600	-	100,0	53,1	100

Anmerkung:
(1) kumuliert

Quelle:
"Yearbook of Labour Statistics", 1981, Ministry of Labour

Die Angaben aus der Tabelle 7 zeigen: **Der Unterschied in den Arbeitszeiten zwischen Männern und Frauen in Südkorea ist sehr kraß.** Auf den ersten Blick fällt auf, daß die Frauen die 60-Stundenmarke überschreiten, während die Arbeitszeit der Männer gerade an die 56 Stunden heranreicht. Der quantitative Anteil der Frauen, die mehr als 60 Stunden die Woche arbeiten, liegt bei 20% (79,2% - 99,5%).

Über 56 Stunden, also über der Maximalarbeitszeit der Männer, kommen
über die Hälfte der Frauen (44,3% - 99,7%). Die Korrelation aus der
Höhe der Arbeitszeiten und den Lohngruppen ergibt für die Frauen,
daß sie bereits in den unteren Lohngruppen überdurchschnittlich
lange arbeiten müssen. Um ein Lohnniveau, das knapp über 100.000 won
(160 US-$) liegt, zu erreichen, müssen die Frauen über 62 Stunden die
Woche arbeiten.

Ganz anders ist der Zusammenhang von Arbeitszeit und Entlohnung
bei den männlichen Beschäftigten. Die Höhe der geleisteten Arbeitsstunden differieren nur um 1 - 2 Stunden die Woche, während das
Lohnniveau der Arbeiter insgesamt höher ist als das der Frauen. Die
meisten Stunden die Woche arbeiten die Beschäftigten in den Lohngruppen mit über 150.000 won. Die Arbeitsstunden betragen allerdings
nur, relativ zu den 62 Stunden der Frauen, 56 Stunden.

Eine nähere Analyse der Lohnunterschiede zwischen den Geschlechtern
wird in dem 2. Kapitel folgen. Es kann hier aber schon gesagt werden,
daß die Frauen weniger verdienen als die Männer, obwohl ihre Arbeitszeiten die der Männer weit überschreiten. Nach der Feststellung, daß
die Frauen insgesamt über ein niedrigeres Schulbildungsniveau als die
Männer verfügen, wie sie bereits in der Interpretation der Angaben
aus Tabelle 4 getroffen worden ist, scheint es als sicher, daß die Frauen
in der Produktion mehrheitlich einfache Arbeiten durchführen.

1.4.4. Zusammenfassung

Die gesetzlich normierte Arbeitswoche von 48 Stunden ist zu keinem
Zeitpunkt in den 70er Jahren Wirklichkeit. Die zugrunde gelegten
statistischen Daten haben gezeigt, daß die Normalarbeitszeit weit über
50 Stunden die Woche beträgt. Einzig die Lohnarbeiter mit hoher
Qualifikation arbeiten unter 50 Stunden die Woche. Demgegenüber
müssen die Frauen in der Produktion oft über 60 Stunden arbeiten.

Der Vergleich der beiden offiziellen Quellen zeigt eine allgemeine
Differenz zwischen den angegebenen Arbeitszeiten. Das EPB gibt für

die verarbeitende Industrie deutlich höhere Arbeitszeiten an als das
Arbeitsministerium. Die wirkliche Höhe der Arbeitszeiten in Südkorea
ist infolgedessen mit den vorhandenen Daten nur mit Unsicherheit
festzustellen.

Um den Mangel der Statistiken auszugleichen, sollen im folgenden
die Arbeiter und Arbeiterinnen selbst zu Wort kommen und über ihre
Situation berichten.

1.4.5. Illustrationen zu den Arbeitszeiten

In der Region des **Friedensmarktes** ("Chonggyechon") in Seoul sind
über 1000 kleine Textilunternehmen in einem riesigen 3 - 4 stöckigen
Gebäudekomplex angesiedelt. In diesen Firmen sind mehr als 20.000
junge Arbeitskräfte beschäftigt, von denen 90% Frauen im Alter von
14 - 24 Jahren sind. Über die Hälfte sind unter 15 Jahre alt.

Die wirtschaftliche Bedeutung der dort ansässigen Textil- und Bekleidungs-
unternehmen für die koreanische Exportwirtschaft ist enorm: 70% der
Inlandsproduktion der Textil- und Bekleidungswaren werden in dem
Gebiet um den Friedensmarkt hergestellt. 1977 betrug der Produktenwert
dieser Waren über 10 Milliarden US-$. (26)

Die Arbeitsbedingungen in den kleinen Werkstätten sind katastrophal.
Besonders hart von den schlechten Verhältnissen am Arbeitsplatz sind
die jungen Mädchen betroffen, die nur als "Hilfe" ("Shida" oder "Hirodo")
eingestellt sind, da sie oft erst 13 oder 14 Jahre alt sind und nur
einen geringen Lohn, der nach den produzierten Stücken der Näherinnen
berechnet wird, erhalten.

> "In einem Betrieb bemerkten festangestellte Frauen, daß eine
> 'Hilfe' während der zehnstündigen Arbeitszeit sich aus Armut
> keine Mahlzeit leisten konnte. Sie teilten ihr Essen mit dem
> Mädchen, gingen aber dem Problem nach und stellten fest, daß
> 30% der Arbeiterinnen auf ihr Mittagessen verzichten mußten.
> Hier liegen u.a. die Ursachen für Magenkrankheiten und TBC."
> (27)

Um einen Einblick in die miserablen Arbeitsbedingungen in den kleinen
Textilunternehmen zu geben, sind hier Beschreibungen der Arbeitssituation aus verschiedenen Quellen zusammengetragen:

> "... in 1970, one half of the 27.000 person labour force in the Seoul garment industry was below 15 years of age and was working up to 16 hours a day for a daily wage of 30 cents. ... Many suffer form eye infections, tuberculosis, or pneumonia." (28)
>
> "In peak demand periods, they are frequently asked to work to or three days without any sleep. ... shop owners providing pep pills or injektions to keep them awake. ...There are no checks on the ability of shop owners to exploit the workers." (29)

Neben den langen Arbeitszeiten sind die schlechten räumlichen Verhältnisse der Werkstätten anzuprangern:

> "... conditions are so bad that it is often impossible for workers even to stand up straight, due to additional floors being installed in the building to maximise space. It also reports the case of a factory near Seoul where workers were required to work shifts of up to 20 hours (8 a.m. to 4 a.m.)." (30)

Die Arbeitsbedingungen in den kleinen Textilfirmen in Seoul haben sich im Laufe der Jahre nicht merklich verbessert. So ist aus einem Interview mit Arbeiterinnen aus dem Jahre 1980 zu erfahren, daß die Nachtarbeit noch regelmäßig von den jungen Mädchen verlangt wird:

> "En plein Seoul, dans les petits ateliers de textile du marche de Dong Dae Mun, rien n'a change depuis notre premiere visite en 1971. ... Les plus jeunes n'ont guere plus de treize ans; il leur faut donc une permission pour travailler. ... Payées à la piece, elles gagnent 45.000 ou 50.000 wons par mois et travaillent de 6 heures a 21 heures. ... 'Parfois aussi la nuit, lorsqu'il y a des commandes a terminer'." (31)

Nicht nur in den kleinen Unternehmen der Textilindustrie werden die Arbeiter/innen zu übermäßig langen Arbeitszeiten gezwungen.

Die Arbeiterinnen der **"Pangrim Textile Co."**, bei der ca. 6.000 Arbeiter/innen beschäftigt sind, beschreiben ihre Situation wie folgt:

> "In our factory we work three 8 shifts, but from when to when we do not know. ... We must start 30 - 60 minutes early and work until the job is finished. ... If we are supposed to finish by 10 pm we often get home just before curfew at 12 pm. If we live in the dormitory, we sometimes work until 1 am or 2 am. ...
> We do not receive a weekly holiday. We work continuously throughout the year, with only some of the public holidays off each year. ... Animals have a rest time. Why must we work harder than animals? ...

> Because we have no holidays, night shift is too tiring and so our bodies are exhausted. Therefore we take 'Timing', a medicine, to keep awake. Some of us have taken too many and now are addicted to these pills. If we fall asleep we are reprimanded and beaten. ... Because the machines run continuously we are so busy that sometimes we cannot have a meal break. ... We are ashamed to say that we sometimes cannot go to the toilet, and so we use the factory floor. The machines never stop!" (32)

"**Lotte Candy Company**", ein "joint venture" mit 2.600 Beschäftigten, zwang die Belegschaft, 12 Stunden täglich und 7 Tage die Woche zu arbeiten. Auch an Sonntagen blieben die Produktionsanlagen nicht ungenutzt:

> "All workers were supposed to have Sundays off. She said, she seldom did. Monday was too miserable if she was away on Sunday because the overseers were instructed to be hard on workers if they missed Sunday. ..." (33)

Die Arbeitsbedingungen außerhalb der Produktionssphäre sind für junge Mädchen ohne höhere Schulbildung nicht besser.

Die "Busmädchen" der privaten Transportunternehmen in Seoul arbeiten 18 Stunden täglich. Ihre Aufgaben bestehen darin, das Fahrgeld zu kassieren und die Tür mit der Hand zu öffnen und zu schließen. Während der Arbeit haben sie nur selten Gelegenheit, einen Sitzplatz einzunehmen und müssen die meiste Zeit stehen. Ein Busmädchen berichtet:

> "We work from five in the morning to one or to o'clock at night. Then, we return to the dormitory and sleep one or two hours. I am awaken by the head of the dormitory before four o'clock and leave for work. ... I fall asleep standing in the galloping bus. I want to forget everything and leave everything." (34)

1.5. Zentrale Ergebnisse der Untersuchung der Arbeitszeiten

In den kapitalistischen Metropolen wurde der Arbeitstag in den Anfängen der Industrialisierung bis an die natürlichen Grenzen ausgedehnt. In dieser Zeit war der Produktionsprozeß noch manufakturmäßig organisiert. Die Höhe der geleisteten Arbeitsstunden spielte in der Verwertung des Kapitals eine entscheidende Rolle. Es wurde zwar aus humanitären und sozialen Gründen häufig auf die Notwendigkeit einer Reduzierung

der Arbeitszeiten hingewiesen, aber mit der freiwilligen Beschränkung
in der Ausbeutung der Arbeitskräfte des einzelnen konnte aufgrund der
Konkurrenz nicht gerechnet werden.

Mit der Anwendung der großen Maschinerie im Produktionsprozeß wurde
die Arbeit reell dem Kapital subsumiert. Erst jetzt konnte eine Reduzierung
der Arbeitszeit auch aus der Sicht des profitorientierten Kapitalisten
möglich werden. Die Verwertungsbedingungen des einzelnen Kapitals
waren mit zunehmender organischer Zusammensetzung des Kapitals
nicht mehr an die übermäßige Extensität der Arbeit gebunden. Die
Normierung des Arbeitstages durch staatliche Zwangsgesetze verallgemeinerte die Bedingungen der Profitmaximierung. In dem abgekürzten
Arbeitstag spielte jetzt nicht mehr die absolute Mehrwertproduktion
die entscheidende Rolle. Die relative Mehrwertproduktion gewann mit
dem Fortgang der kapitalistischen Industrialisierung zentrale Bedeutung:
Mit der Anwendung der großen Maschinerie erfolgte eine Verbilligung
des variablen Kapitals und damit, trotz der Reduzierung der Arbeitszeit, eine Erhöhung der Mehrwertrate.

Wir sehen, daß die Normierung des Arbeitstages in Südkorea konträr
zu der Geschichte des Arbeitstages in den kapitalistischen Metropolen
verlaufen ist. In Südkorea wurde der Arbeitstag ausgedehnt, obwohl
die angewandte Technologie weit fortgeschritten ist. Die verstärkte
Ausbeutung der Arbeitskräfte durch eine Erhöhung der Extensitität
der Arbeit findet trotz fortschrittlicher industrieller Basis statt. Die
Homogenität in der Anzahl der Wochenarbeitsstunden unterschiedlicher
Industriezweige ist ein Beleg für die verallgemeinerte Ausdehnung der
Arbeitszeiten.

Die Entwicklung des Arbeitstages für Frauen, wie sie sich in Südkorea
darstellt, unterscheidet sich von der in England und Preußen des vorigen
Jahrhunderts. Wurde in den kapitalistischen Metropolen aus humanistisch-
ethischen Erwägungen die Arbeitszeit der Frauen und Kinder zuerst
zwangsgesetzlich herabgesetzt, so haben wir in Südkorea den umgekehrten
Fall. Hier müssen die Frauen weiterhin länger arbeiten als die Männer.
Auch die Kinderarbeit ist bis heute noch nicht von den absolut langen
Arbeitszeiten ausgenommen.

Im internationalen Vergleich sind die Arbeitszeiten in Südkorea absolut
die höchsten. Die niedrigsten Arbeitszeiten werden von den Lohnarbeitern
mit hoher Qualifikation (wissenschaftliche und technische Fachkräfte)
abverlangt. Die mit Abstand höchsten Arbeitszeiten müssen die jungen
Frauen in der Produktionssphäre ableisten. Den Berichten der Arbeiterinnen
können wir entnehmen, daß die Länge des Arbeitstages eng an die
Produktionsziele der Unternehmensleitung geknüpft ist. In Zeiten drängen-
der Exportgeschäfte werden den Arbeiterinnen Arbeitszeiten abverlangt,
die weit über den natürlichen Schranken des Menschen liegen. Der
Verschleiß der Arbeitskräfte muß demnach erheblich über dem Niveau
liegen als es die durchschnittlichen Wochenarbeitszeiten ausdrücken.

2. Intensität der Arbeit

Neben der Extensivität der Arbeit ist deren Intensität zu betrachten,
da beide Größen die Ausbeutungsrate und damit die Höhe des Verschleißes der Arbeitskraft bestimmen. Wertmäßig wirken Extensität
und Intensität der Arbeit gleich, da mit der Intensivierung des Arbeits-
prozesses eine größere Masse Arbeit in einer gegebenen Zeitperiode
zusammengepreßt wird.

Das Maß des Verdichtungsgrades innerhalb der Arbeitsstunde ist empirisch
nicht exakt zu bestimmen. Zwei wesentliche Merkmale dienen als Grad-
messer der Arbeitsintensität: es sind dies die Arbeitsgeschwindigkeit
und die Weite des Tätigkeitsfeldes der Arbeitskraft (z.B. die Anzahl
der gleichzeitig von dem Arbeiter zu beaufsichtigenden Maschinen).

Mit der zwangsgesetzlichen Normierung des Arbeitstages in den
kapitalistischen Metropolen wurde erst die Möglichkeit einer Intensivierung der Arbeit geschaffen, da sich hohe Extensität und hohe
Intensität als entgegengesetzte und einander ausschließende Ausdrücke
der Verwertung darstellen. Die Anwendung der großen Maschinerie,
die damit einhergehende Ökonomisierung der Produktionsmittel und
letztlich die Verkürzung des Arbeitstages, erzwangen die Intensivierung
der Arbeit.

Wir haben im vorigen Kapitel gesehen, daß die Länge des Arbeitstages in Südkorea absolut sehr hoch ist. Entgegen der Verkürzung des Arbeitstages in den kapitalistischen Metropolen konnte die Arbeiterklasse Südkoreas keine Normierung des Arbeitstages durchsetzen. Im Gegenteil wurde der Arbeitstag in den 70er Jahren faktisch verlängert.

Da in Südkorea die Extensität der Arbeit sehr hoch ist, wäre also anzunehmen, daß die Intensität niedriger sei. Es gibt aber in ausreichendem Maße Hinweise darauf, daß die Intensität der Arbeit in Südkorea trotz hoher Extensität hoch ist.

In der Textilindustrie ist die Produktivität (Zahl der produzierten Einheiten pro Beschäftigungsstunde) der in der westeuropäischen Textilindustrie annähernd gleich, obwohl in Südkorea gebrauchte - und das heißt: technisch nicht mehr auf dem modernsten Stand befindliche - Nähmaschinen eingesetzt werden. Der niedrigere Produktivitätsstand der Maschinenausrüstung muß mit einer hohen Intensität der Arbeit ausgeglichen werden.

Aus Betriebsbesichtigungen gewinnt man den Eindruck eines sehr hohen Arbeitstempos. (35) Die Arbeitsorganisation als Resultat der angewandten Technologie führt zu dem gleichen Resultat: Der Produktionsprozeß ist in einzelne Arbeitsgänge zerlegt, die sich auf einfache Tätigkeiten beschränken. Der monotone Arbeitsvorgang kann in relativ kurzer Anlernzeit im vorgegebenen Takt vollzogen werden. Die optimale Arbeitsgeschwindigkeit wird durch das ständige Wiederholen gleicher Bewegungen erreicht (Trainieren bestimmter Bewegungsabläufe). Fließband- oder Fließarbeit (Hand-in-Hand-Arbeit) ist die Organisationsform der Arbeit, die dem Produzenten das Arbeitstempo diktiert. Die Lohnformen (Akkord- bzw. Stücklohn) veranlassen die Arbeiter/innen jede Pore der Arbeitsstunde produktiv zu nutzen. Die Monotonie der Arbeit strapaziert bestimmte Sinne, Muskeln und Nerven. Die Arbeitsbelastung durch die dauerhafte Ausführung einfacher und gleicher Tätigkeiten ist erheblich. Die stupide Arbeit ist besonders für Kinder ein Hemmnis für ihre geistige Entwicklung.

Der Verschleiß der Arbeitskräfte in Südkorea wird also ungleich höher sein als in westlichen Metropolen. Die extensive Ausbeutung geht mit der intensiven einher. Die Größe der Mehrarbeit, d.h. die Arbeit, die der Arbeiter über die zu seiner eigenen Erhaltung notwendigen hinaus ableistet, wird mit der Hinzunahme des Grades der Arbeitsintensität potenziert. Die absolute Mehrwertproduktion erhält damit einen höheren Stellenwert als in den kapitalistischen Metropolen, in denen die relative Mehrwertproduktion dominiert.

3. Verhältnisse am Arbeitsplatz

Neben den vielen Arbeitsstunden, die den Beschäftigten der verarbeitenden Industrie aufgezwungen werden, seien hier noch andere Faktoren genannt, die die physischen Belastungen, denen die Industriearbeiter im Produktionsprozeß ausgesetzt sind, erhöhen.

Aus den Klagen der Arbeiter/innen ist immer wieder der Verweis auf den Lärm zu entnehmen, dem sie während der Arbeit ausgesetzt sind. Das Kapital spart auch an der Ausrüstung der Maschinen, die oft über keine Schallisolierung verfügen.

In vielen Klein- und mittelgroßen Unternehmen sind die Beleuchtung und die Belüftung der Fabrikhallen so schlecht, daß die Arbeiter gesundheitliche Schäden davontragen. Der harte Winter und der heiße Sommer (die Temperaturen fallen im Winter in Seoul auf 20° C Kälte und klettern im Sommer auf 35° C Hitze) belasten die Arbeiter zusätzlich, da viele Unternehmen nur unzureichend heizen und im Sommer die Klimaanlage fehlt, die für Kühlung und Frischluftzufuhr sorgt.

Insbesondere in der Textilherstellung ist die Luft mit winzigen Staubpartikeln angereichert, die die Atemwege der Beschäftigten belasten. Auch in der Perlmuttverarbeitung verursacht die fehlende Ventilation Gesundheitsschäden.

> "In addition to this, long labor, the work environment is often highly polluted. In case of a mother of pearl industry located in Oksoo-dong, Sungdong-ku, Seoul, the work place is full of dust from the shell grinding. Especially in winter, almost all the worker suffer from respiratory diseases on account of the lack of ventilation. Boy workers wear hats made of paper in order to prevent the white shell dust from blanketing their hair. Work is not over till 9 o'clock pm on the average. By the time they finish work, their nostrills are white with dust." (36)

Ein häufig angeführter weiterer Mißstand am Arbeitsplatz ergibt sich
aus der räumlichen Enge der Werkstätten. Gerade in den kleinen Textilfirmen um den Friedensmarkt sind die Räume mit Nähmaschinen voll-
gestellt. Das Kapital hält die Kosten für unproduktive Investitionen
gering, um optimale Verwertungsraten zu erhalten. Dementsprechend
werden auch sanitäre Einrichtungen und Pausenräume den Industrie-
arbeitern in fast allen Firmen nur in einem unzureichendem Maße
zur Verfügung gestellt.

Auch der Umstand, daß viele Klein- und mittelgroße Betriebe Zulieferer
für andere Unternehmen sind und auf Auftrag eine genaue Stückzahl
produzieren, erspart den Unternehmen eine eigene Lagerhalle für die
produzierten Waren. Ebenso gilt dies für Firmen, die direkt für den
Export produzieren. Das Ergebnis ist, daß es häufig vorkommt, daß
die Produktionshallen mit Kartons überfüllt sind und die Arbeiter und
Arbeiterinnen auf engstem Raum arbeiten müssen. Die Unfallgefahr
wird dadurch weiter erhöht.

4. Berufskrankheiten und Arbeitsunfälle

Die extensive und intensive Ausbeutung im Produktionsprozeß raubt
den Arbeitern und Arbeiterinnen ihre Gesundheit. Eine umfassende
Untersuchung über Berufskrankheiten in Südkorea gibt es nicht.

Der Gesundheitszustand der Arbeiterinnen am Friedensmarkt ist
schlecht:

> "They suffered from undernutrition and over 90% had respiratory
> ailments including tuberculosis. Most of them had contracted
> eye and stomach diseases and nervous disorders." (37)

Die Arbeiterinnen in der elektrotechnischen Industrie leiden häufig
unter einer Verminderung ihrer Sehkraft. Nach einem Bericht über
Berufskrankheiten bei **Fairchild** (620 Arbeiterinnen) hatten 1977 34%
Magenerkrankungen, 23% litten unter der Verschlechterung ihres Sehver-
mögens, 9% beklagten Hautkrankheiten, 0,44% hatten TBC und 6%
andere Krankheiten. (38)

Maßnahmen für die Sicherheit am Arbeitsplatz werden nur selten getroffen. In der Arbeitsgesetzgebung fehlt jedwede Bestimmung, die die Unternehmen dazu verpflichtet.

Die Anzahl der Betriebsunfälle hat sich in den Jahren 1970 bis 1978 mehr als verdreifacht: 1970 wurden 35.389 und 1978 138.182 Unfälle dem Arbeitsministerium gemeldet. Die Unfallquote in Südkorea erreicht das 3 - 5 fache der Durchschnittswerte der ILO. Allein im Jahre 1979 sind 1.537 Arbeiter während der Arbeit ums Leben gekommen. Mit 362 Toten liegt die Anzahl in der verarbeitenden Industrie über den tödlich Verletzten des Baugewerbes (337) und des Bergbaus (226). Es ist mit Sicherheit anzunehmen, daß die Dunkelziffer der Betriebsunfälle sehr hoch ist, da in vielen Fällen der Unfall auf "eigenes Verschulden" von der Seite der Unternehmer zurückgeführt wird, um sich aus der Verantwortung ziehen zu können.

Die Leistungen der Unfallversicherung in Südkorea sind zudem sehr begrenzt (vgl. dazu S. 95ff. dieser Arbeit).

Eine Einrichtung für die Gesundheitsversorgung der Industriearbeiter fehlt in den meisten Betrieben gänzlich. Ausschließlich Großfirmen bieten ihren Angestellten die Möglichkeit der ärztlichen Behandlung. Wie unzureichend die Versorgung der Arbeiter und Arbeiterinnen mit Ärzten in vielen Betrieben ist, zeigt folgendes Beispiel:

Das Krankenhaus in der **Freien Exportzone Masan** in Südkorea verfügte im Jahre 1973 über ein Budget von nur 7 Mill. won (17.600 US-$). Die Kosten für die Medikamente, die den Arbeitern angeboten wurden, mußten diese selbst tragen. Insgesamt standen den Patienten drei Ärzte und vier Betten zur Verfügung! Demgegenüber sind in der Freien Exportzone Masan 92 Unternehmen ansässig, die 24.212 Beschäftigte haben; 90% davon sind Frauen (1974).

Die Ausgaben der Unternehmen für die Gesundheitsversorgung sind ausgesprochen niedrig. So beträgt z.B. der Prozentsatz am Gesamtlohn eines Arbeiters der japanischen Tochtergesellschaft "Korea Sumida Electronics" nur 0,4%, während die Muttergesellschaft in Japan 4% des Gesamtlohnes für die Gesundheitsversorgung ausgibt. (39)

5. Zu- und Abgänge in der südkoreanischen Industrie (Labour Turn-over)

Wir haben gesehen, daß die Folgewirkungen der schlechten Arbeitsbedingungen in der koreanischen Industrie ihren Ausdruck in typischen Berufskrankheiten und einer hohen Zahl von Betriebsunfällen finden. Es fragt sich, wie lange die Arbeitskraft in Südkorea eine derartige Arbeitsbelastung ertragen kann. Wie groß ist der Austausch der Arbeitskräfte in der koreanischen Industrie?

Eine Untersuchung des Arbeitgeberverbandes in Südkorea gibt uns über die Entlassungen detailliert Auskunft:

> "The separation rate of workers in Korean industries reached 4.8 percent a month on average last year, more than four times the 1 percent in Japan. ... Manufacturing industries employing low-income and less educated workers accounted for 80.2 percent of the total workers quitting jobs, and transportation und warehouse businesses stood at 5.9 percent. ... Particularly, the continous service and careers of femals workers have been found to be 2.0 years and 2.3 years respectively, for below male workers' 3.4 years und 4.8 years. In Japan, the average years of continous service amounted to 10.5 years for men and 5.8 years for women, three times the levels in Korea." (40)

Den Abgängen aus dem Arbeitsverhältnis steht bei einer gleichbleibenden Anzahl der Beschäftigten insgesamt eine hohe Zahl der Zugänge gegenüber. Es ist anzunehmen, daß das Kapital die jungen und unverbrauchten Arbeitskräfte bevorzugt und die verschlissenen durch jüngere austauscht. Mit der Tabelle 8a-c läßt sich das Interesse des Kapitals an jungen Arbeitskräften belegen (siehe S. 31).

Mit der Bildung der Differenz der Zu- und Abgänge (Tabelle 8c) wird deutlich, daß die jüngsten Arbeiter/innen von dem Kapital bevorzugt eingestellt werden.

Werden im Jahre 1980 monatlich 19.000 Arbeiter und Arbeiterinnen bis 19 Jahre zusätzlich eingestellt, werden dagegen die Arbeitsplätze für die 20 - 29 jährigen um 15.000 reduziert. Es sind hauptsächlich die Frauen unter 20 Jahre, denen die Arbeitsplätze angeboten werden (14.000).

Demgegenüber sind in erster Linie die Frauen über 20 Jahre von dem Austausch durch die jüngeren betroffen. Die Anzahl der beschäftigten

Frauen der Altersstufe 20 - 29 Jahre werden monatlich um 12.000 reduziert.

Tabelle 8: Zu- und Abgänge in der verarbeitenden Industrie
(Labour Turn-over Rate) (1980)

8a: Zugänge in der verarbeitenden Industrie nach Geschlecht und Alter
(1980, monatlich, in '000 Personen)

	bis 19 Jahre	20 - 29 Jahre	30 Jahre u. älter	insgesamt
Frauen	42	25	5	72
Männer	17	31	10	58
insgesamt	59	56	15	130

8b: Abgänge in der verarbeitenden Industrie nach Geschlecht und Alter
(1980, monatlich in '000 Personen)

	bis 19 Jahre	20 - 29 Jahre	30 Jahre u. älter	insgesamt
Frauen	28	37	5	70
Männer	12	34	14	60
insgesamt	40	71	19	130

8c: Differenz aus Zu- und Abgängen (a-b)

	bis 19 Jahre	20 - 29 Jahre	30 Jahre u. älter	insgesamt
Frauen	14	-12	0	2
Männer	5	- 3	-4	-2
insgesamt	19	-15	-4	0

Quelle:
"Yearbook of Labour Statistics,
1981, Ministry of Labour, S. 99ff.

Das verstärkte Ausscheiden der Frauen über zwanzig Jahre ist zurückzuführen weniger auf die Heirat und die damit verbundene Arbeit im Bereich der häuslichen Reproduktion, als vielmehr auf das Interesse des Kapitals, welches sich die unverbrauchten Arbeiterinnen sucht und die verschlissenen auf die Straße wirft, um die typischen Berufskrankheiten gering zu halten. (41) Die Kosten für die ärztliche Behandlung werden umgangen, indem die Arbeiterinnen vor dem offenen Auftreten der Verschleißerscheinungen entlassen werden.

Andererseits sind die Arbeiter und Arbeiterinnen aufgrund der übermäßigen Ausbeutung im Arbeitsprozeß nach zwei bis drei Jahren häufig nicht mehr in der Lage, den Anforderungen, die das Kapital an sie stellt, zu genügen. Die folgende Tabelle gibt Auskunft über die Gründe des Ausscheidens der Arbeitskräfte in der verarbeitenden Industrie.

Tabelle 9: Workers of Separation in Manufacturing, by Reason (1980)

Reason	in persons	in %
Move in the Same Industry	10.512	8,0
Completion of Contract	173	0,1
Retirement	378	0,3
Uneployed Convenience	414	0,3
Ones Own Misdeed	79.291	60,6
Death, Sickness and Injury etc.	18.214	13,9
Resignation	21.872	16,8
Total	130.854	100,0

Quelle:
"Yearbook of Labour Statistics", 1981, Ministry of Labour, S. 123

Über 90% der Arbeiter/innen verlassen ihren Arbeitsplatz in der verarbeitenden Industrie mehr oder weniger freiwillig. Was sich hinter der Begründung "Ones Own Misdeed" oder "Resignation" verbirgt, scheint mit der Unzufriedenheit mit den Arbeitsbedingungen und der Entlohnung verbunden zu sein. Immerhin scheiden 13,9% mit dem Hinweis auf Krankheit und Verletzungen aus dem Arbeitsverhältnis.

Anmerkungen

(1) vgl. Chao Lien Lincoln: "Distinctive Patterns of Industrial Relations in Korea", (Diss.) University of Minnesota, 1956, S. 80

(2) Im Jahre 1942 gehörten über 90% der industriellen Unternehmen, 88% der Geldinstitute und über 70% der Warenhäuser den Japanern. vgl. Chao, a.a.O., S. 19

(3) Chao, a.a.O., S. 80ff.

(4) Chao, a.a.O., S. 84

(5) Das Gesetz zur Arbeitszeitregelung ist die "Ordinance Number 121"; die genauen Bestimmungen sind in Chao, a.a.O., S. 88ff. nachzulesen.

(6) "Violations of the provisions were rampant; and, in general, the overtime work was not compensated for at the required premium rate." Chao, a.a.O., S. 90

(7) Chao, a.a.O., S. 82

(8) "Labour Standard Law", Republic of Korea, Law No. 286, Promulgated 15.5.1953; das Gesetz ist in Chao, a.a.O., S. 199ff. vollständig abgedruckt.

(9) vgl. Artikel 46 des LSL; die Überstunden für die 150% des Normallohns gezahlt werden soll, sind die Arbeitsstunden an Sonn- und Feiertagen und in der Nacht (22 - 6 Uhr). Die täglichen Überstunden zu der Normalarbeitszeit werden nicht als solche gezahlt.

(10) Ein eigenständiges Arbeitsministerium gibt es in Südkorea erst seit dem 8. April 1981. Bis dahin unterstanden arbeitsrechtliche Angelegenheiten dem "Ministry of Social Affairs".

(11) vgl. Artikel 55 des LSL; damit ist es legalisiert, daß Kinder im Alter von 13 Jahren 54 Stunden die Woche arbeiten.

(12) vgl. LSL, Artikel 45 - 49

(13) LSL, No. 3349, 31.12.80, Artikel 42, Abs. 1

(14) LSL, Art. 42, Abs. 3

(15) LSL, Art. 42, Abs. 2

(16) LSL, Art. 55, Abs. 1 und Abs. 2

(17) vgl. Convention Nr. 138, ILO, Genf, 26.6.1973; hier zitiert: Art. 2, Abs. 3, in: E. Mendelievich: "Children at work", ILO, Genf, 1979, S. 147ff.

(18) "Labour Laws - why and what are changed", Ministry of Labour, RoK, 1981, S. 57

(19) Der in der Arbeitsstatistik verwandte Sample umfaßt 3.865 Wirtschaftsunternehmen. In ihm sind nur die Betriebe mit 10 und mehr Beschäftigten berücksichtigt. Die Betriebe der Landwirtschaft, der Fischerei und der Forstwirtschaft sind nicht enthalten. Zeitarbeiter und Tagelöhner gelten als regulär Beschäftigte, sowie sie in den letzten drei Monaten mehr als 45 Tage gearbeitet haben; vgl. "Yearbook of Labour Statistics", Ministry of Labour, 1981, S. 387ff.

(20) Im Jahre 1979 umfaßt die Arbeiterklasse in Südkorea 5.808.000 Personen. Davon sind 2.760.000 Lohnarbeiter des Kapitals (18% der Erwerbstätigen) und 1.623.000 Lohnarbeiter der isolierten Produktion (diese arbeiten in Wirtschaftsunternehmungen mit weniger als 10 Beschäftigten). Die 1.425.000 Tagelöhner werden zu den Marginalen gerechnet und gelten als unbeständiger Teil der Arbeiterklasse; vgl. Joachim Prey: "Die Sozialstruktur Südkoreas im Rahmen der exportorientierten Industrialisierung" (Diplomarbeit) FU Berlin, November 1982

(21) 1968 gehörten noch 6.02 Personen zu einem Farmhaushalt, während es 1974 nur noch 5.65 Personen waren. Die Größe des bebauten Landes pro Haushalt ist dagegen relativ konstant geblieben; 1968 hatte der durchschnittliche Farmhaushalt 1,999 Hektar und 1974 1,962 Hektar.
vgl. Ban, Moon, Perkins: "Rural Development", Harvard University, London, 1980, S. 73

(22) Luther, Hans-Ulrich: "Regierungskampagnen in Südkorea - Ein erfolgreiches Entwicklungsmodell?", in: Song Du-Yul: "Wachstum, Diktatur und Ideologie in Korea", Bochum, 1980, S. 85ff.

(23) vgl. "Annual Report on the Economically Active Population Survey", EPB, 1980, S. 129

(24) Diese Angaben beruhen auf eigenen Beobachtungen, die ich während meines Aufenthaltes in Südkorea im August und September 1981 machen konnte.

(25) 1973 lag die Wachstumsrate des Exports bei 80,2%. 1974 verringerte sie sich auf 44,7% und 1975 lag sie nur noch bei 15,2%.
vgl. "Major Statistics of Korean Economy", EPB, 1981, S. 194

(26) Die Angaben sind einem eigenen Interview mit einem Manager der Textilbranche entnommen.

(27) Lenz, Ilse: "Flammen am 'Markt des Friedens': Arbeiterinnen im Schatten der internationalen Arbeitsteilung werden aktiv", in: Song, a.a.O., S. 129

(28) Gittings, John, McCormack, Gavan (Eds.): "Crisis in Korea", London, 1977, S. 63

(29) Kim Chang Soo: "Marginalization, Development and the Korean Workers Movement", in: AMPO, IX, 3, 1977, S. 34

(30) Gittings, McCormack, a.a.O., S. 68

(31) "Le Monde", 20.1.1980

(32) "The Plight of Korean Factory Workers", unveröffentlichtes Manuskript der Urban Industrial Mission (U.I.M.), 1977

(33) "Talking with Workers in Korea", unveröffentlichtes Manuskript, November 1980

(34) Kim C.S., a.a.O., S. 34

(35) Während meines Aufenthaltes in Südkorea habe ich folgende Betriebe besichtigt:
Shin Jin Electric Industrial Co. Ltd. (Lampen- und Scheinwerferproduktion)
Goldstar - Teleelectric (Joint-Venture mit Siemens) (Telefonherstellung)
Korea Zipper Co. Ltd. (Reißverschlußherstellung)
Hyundai Heavy Industries Co. Ltd. (Schiffsbau);
vgl. hierzu den Exkursionsbericht, der dem Institut für Soziologie, Berlin zur Verfügung gestellt wurde.

(36) Christian Institute for Study of Justice and Development: "Report on the Situation of Child Labourers", Seoul, Dezember 1979 (unveröffentlichtes Manuskript, S. 9

(37) Kim C.S., a.a.O., S. 20

(38) Lenz, a.a.O., S. 131

(39) vgl. The Committee for Justice and Peace of South Korea - National Organisation of Catholic Priests to Realize Social Justice: "A Fact-Finding Survey on the Masan Free Export Zone", in: AMPO, Vol. 8, Nr. 2, 1976, S. 58ff.

(40) "The Korea Times", 18.1.1981

(41) So mußten alle Arbeiterinnen von "Goldstar-Teleelectric", ein Joint-Venture mit Siemens, bei ihrer Einstellung unterschreiben, daß sie spätestens mit Vollendung des 22. Lebensjahres den Betrieb freiwillig verlassen werden (eigenes Interview; Informant möchte nicht genannt werden).

II. LÖHNE

Die wirtschaftlichen Erfolge Südkoreas beruhen letztlich auf der übermäßigen Ausnutzung billiger Arbeitskräfte. Der komparative Vorteil, der der Nation durch die Niedrighaltung der Arbeitskosten erwachsen ist, ist die Grundlage des eingeschlagenen Entwicklungsweges. Die zwingende Rentabilität der Arbeitskräfte ist aber auch der weiteren wirtschaftlichen Entwicklung hinderlich. Sie stellt, zugespitzt, die immanente Schranke des koreanischen Entwicklungsmodells dar. Die exportlastige Wirtschaft Südkoreas ist nur erfolgreich, solange die Arbeitskosten so niedrig liegen, daß die Waren einen günstigen Preisausdruck auf dem Weltmarkt ausweisen können.

Dieses Zwangsverhältnis, in das Südkorea getreten ist, spitzt sich mit der zunehmenden Konkurrenz anderer ostasiatischer Niedriglohnländer weiter zu. (1)

Die Folgewirkungen des externen und internen Diktates eines anhaltenden niedrigen Lohnniveaus für die Entwicklungsdynamik der südkoreanischen Ökonomie sind negativ, da keine Basis für eine den Binnenmarkt erschließende zunehmende Massenkaufkraft gelegt wird. Dieter Senghaas drückt den Zusammenhang von niedrigem Lohnniveau und ausbleibender Binnenmarktentwicklung wie folgt aus:

> "Das Dilemma Südkoreas besteht also darin, daß sein Wachstumserfolg in den vergangenen Jahren zu einem erheblichen Teil auf der Ausnutzung billigster Arbeitskraft aufbaut, auf der Grundlage billig bleibender Arbeitskraft aber eine Nationalwirtschaft nicht entwickelbar ist." (2)

Im folgenden soll die konkrete Umsetzung der "alternativlosen Niedriglohnpolitik" in Südkorea untersucht werden.

Einmal wird gefragt wie die politischen und sozialen Kräfte in der Lohnfrage aufeinander wirken? Welche Rolle spielen die Gewerkschaften und die Arbeiterbewegung, welche der Staat und das Kapital im Prozeß der Lohnfindung?

Daneben sind die spezifischen demographischen, historischen und soziokulturellen Bedingungen in Südkorea zu nennen, soweit diese einer Niedriglohnpolitik förderlich sind.

Zuletzt wird die Entwicklung des Lohnes der Lohnarbeiter des Kapitals in den Jahren 1970 bis 1980 dargestellt. Es stellt sich die Frage, ob alle Lohnarbeiter des Kapitals gleich von der Niedriglohnpolitik betroffen wurden. Können Fraktionen innerhalb der Arbeiterschaft aufgezeigt werden, die ihre materielle Situation in den vergangenen Jahren wesentlich verbessert haben? Und inwieweit können sich die Lohnzuwächse eines Teiles der Lohnarbeiter positiv auf die Entwicklung des Binnenmarktes auswirken?

1. Lohnfindungsprozeß

Die verschieden Faktoren, die in dem Lohnfindungsprozeß eine Rolle spielen, werden in der Reihenfolge abgehandelt:
1. historische Bestimmung des allgemeinen Lohnniveaus
2. die Rolle der Gewerkschaften in Südkorea
3. staatliche Gesetze, die die Entlohnung betreffen
4. Arbeitsmarktstruktur: das Verhältnis von Angebot und Nachfrage

1.1. Historische Bestimmung des allgemeinen Lohnniveaus

Die ersten Ansätze der Industrialisierung hat Korea unter der japanischen Kolonialherrschaft erfahren. Die menschenunwürdigen Arbeitsbedingungen und die miserable Entlohnung in der Kolonialzeit haben für die Verwertungsinteressen des Kapitals nach der Befreiung Koreas die besten Voraussetzungen geschaffen.

> "Under Japanese rule, wages paid to Korean workers were persistently lower than in Japan. ... For underground miners in metal mining and for surface miners in non-metals other than coal mining, wages in Korea were only one-third of those in Japan. ... This was the case, in spite of the fact that the cost of living in the two countries was approximately the same."
> (3)

Die niedrigere Entlohnung der Industriearbeiter unter der japanischen Herrschaft resultierte u.a. aus der Unterdrückung der Gewerkschaftsbewegung in dieser Zeit.

Es fragt sich, ob die Lebenslage der Arbeiterschaft sich nach der Befreiung von den Japanern verbessern konnte. Welche Maßnahmen hat die amerikanische Übergangsregierung und später die südkoreanische Regierung getroffen, um das Lohnniveau anzuheben?

Ein Minimallohngesetz, wie es in den meisten industrialisierten und in vielen Entwicklungsländern existiert, wurde unter der amerikanischen Verwaltung in Südkorea aufgrund der daraus angeblich resultierenden steigenden Inflation nicht beschlossen.

> "It was feared that a rise in the level of wages might be equal to dumping oil on the flame of the already severe inflation." (4)

Erst im Jahre 1953 wurde von der südkoreanischen Regierung eine Minimallohnfestsetzung in Aussicht gestellt. Innerhalb der verabschiedeten Arbeitsgesetze heißt es:

> "The Ministry of Social Affairs may, if necessary, fix the minimum wage for employees engaged in a particular enterprise or occupation." (5)

Die vorsichtige Formulierung drückt bereits den Grad der Verbindlichkeit dieser Bestimmung aus. Bis heute wurde von dem Arbeitsministerium noch kein Minimallohn festgesetzt.

In den 50er Jahren, also nach der Befreiung Koreas von der japanischen Kolonialmacht, lag das allgemeine Lohnniveau der Industriearbeiter immer noch deutlich unter den Lebenshaltungskosten einer Familie.

> "Various income surveys have pointed out the same fact that wages paid Korean workers are inadequate to meet the day-to-day family needs." (6)

Nach einer Untersuchung der "Bank of Korea" betrug das monatliche Haushaltseinkommen des Haushaltsvorstandes im April 1953 nur 52% der Ausgaben des Gesamthaushaltes; für Gehaltsempfänger betrug der Prozentsatz 58% und für den Lohnempfänger nur 45%. (7)

Die materielle Situation der Arbeiter in den 60er Jahren unterschied sich nicht merklich von der der 50er Jahre.

Die Erfolge des koreanischen Entwicklungsmodelles, die von staatlicher Seite so oft hervorgehoben werden, scheinen nicht zuzulassen, daß den Arbeitern ein Minimallohn zugesprochen wird, der ihnen erlaubt, eine menschenwürdige Existenz zu führen. Die hohen Profite, die sich das Kapital in den 60er Jahren sichern konnte, wurden durch die

Niedrighaltung der Arbeitskosten erzielt: Der Preis der Arbeitskraft in der Produktionssphäre erreichte nach Angaben des gewerkschaftlichen Dachverbandes in den 60er Jahren nicht einmal 50% der minimalen Lebenshaltungskosten eines durchschnittlichen Haushaltes. Für die Produktionsarbeiter der Leichtindustrie belief sich der durchschnittliche Lohn auf ein Drittel des Existenzminimums eines Haushalts. (8)

Wir haben gesehen, daß die Festsetzung des allgemeinen Lohnniveaus in Südkorea sich zu keinem Zeitpunkt an den Lebenshaltungskosten des Arbeiterhaushaltes orientierte. Staatliche Maßnahmen zur Anhebung des Lohnniveaus blieben bis heute aus. Das Dazuverdienen der Familienmitglieder ist in Korea schon Jahrzehnte lang notwendiges Übel gewesen, um das Überleben zu sichern.

Schauen wir näher zu: Welche Rolle spielen die Gewerkschaften in der Auseinandersetzung mit dem Kapital? Auf welche Seite stellt sich der Staat und mit welchen Mitteln greift er in die Lohnfrage ein?

1.2. Exkurs: Gewerkschaften und Arbeiterbewegung in Südkorea

Die historische Entwicklung der koreanischen Gewerkschaften fand 1945 nach der Dekolonialisierung ihren Anfang. Bis zum Koreakrieg war die organisierte Arbeiterbewegung von den Auseinandersetzungen zwischen den rechten und linken Kräften geprägt. Die stärkste Gewerkschaft zu dieser Zeit war die kommunistisch orientierte "Chung Pyang". Ihre Zielsetzungen waren eng mit der Systemkonkurrenz zwischen Nord- und Südkorea verbunden und hatten in erster Linie allgemeinpolitischen Charakter. Gegen Ende des Jahres 1947 wurde die Chung-Pyang verboten. Die extrem rechte Gewerkschaft "Tai Han No Chung" ("Korean Federation of Labor Unions") erhielt dagegen breite Unterstützung von Unternehmern, Politikern und den US-Besatzern.

Zu der "Schaufensterdemokratie" der Republik Korea gehörte auch das Recht der Arbeiter auf eine eigene Gewerkschaft. Mit der Initiative der amerikanischen Besatzungsmacht wurde mit der Arbeitsgesetzgebung

1953 das Gewerkschaftsgesetz (9) erlassen.
Dieses Gesetz garantiert formal die drei gewerkschaftlichen Grundrechte:
Koalitionsfreiheit, Tarifautonomie und das Recht auf die kollektive
Arbeitsniederlegung. Allerdings sind in dem Gesetz weite Interpretationsspielräume offengehalten, die dem Staat erlauben, die Aktivitäten
der Gewerkschaften stark einzuschränken, wenn es die wirtschaftliche
oder politische Situation erforderlich machen sollte.

So wurde mit der Ausrufung des "Nationalen Notstandes" im Dezember
1971 durch eine Reihe von neuen Verordnungen ("Presidental Degree")
das Koalitionsrecht erheblich eingeschränkt und das Tarifvertrags-
und Streikrecht praktisch aufgehoben. (10)

Um die Gewerkschaften auf allen Ebenen kontrollieren zu können,
sind innerhalb der Gewerkschaftsgesetze eine Anzahl von Maßnahmen
enthalten: Namenslisten der Gewerkschaftsmitglieder müssen dem Arbeitsministerium ausgehändigt werden. Gewerkschaftler, die mit dem Gesetz
in Konflikt kommen, können vom Arbeitsministerium ihres Amtes enthoben
werden. Eine Gründung einer Arbeiterorganisation neben der offiziellen
Gewerkschaft ist nicht erlaubt. Die Monopolstellung der staatlich kontrollierten Gewerkschaft wird zudem dadurch verstärkt, daß kein
Dritter in den Auseinandersetzungen zwischen Kapital und Arbeit zugelassen wird. Hiervon sind insbesondere die engagierten kirchlichen Organisationen (z.B. Urban Industrial Mission) betroffen. Auch der Haushalt
der Gewerkschaften wird von dem zuständigen Ministerium geprüft.
Eine finanzielle Unterstützung der Gewerkschaften seitens der Unternehmer
ist in dem Gesetz ausdrücklich erlaubt.

Das Streikrecht ist zwar garantiert, aber durch eine kompliziertes
Schlichtungsverfahren, das dem Staat eine massive Interventionsmöglichkeit
einräumt, kommt es nur selten zu einer tatsächlichen Arbeitsniederlegung.
Für die Firmen mit Auslandskapital ("Foreign Invested Firms") ist
der Geschäftsgang bis zur Ausrufung des Streiks noch stärker reglementiert.

Korea's Dispute Resolution Procedures

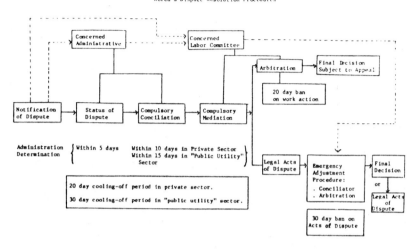

Quelle: Dr. M.F. Bognanno: "Collective Bargaining in Korea: Laws, Practices and Recommendations for Reforms", Working Paper 8005, KDI, 1980, S. 53

Die Stufen staatlicher Intervention sind dem Diagramm von links nach rechts zu entnehmen: Nachdem der Interessen- bzw. Rechtskonflikt zwischen Arbeit und Kapital der staatlichen Stelle angezeigt ist, wird eine sogenannte "cooling-off"-Periode von 20 oder 30 Tagen (je nach Bedeutung des Unternehmens für die nationale Ökonomie) eingeschoben. Eine Schlichtung soll in den Stufen "compulsory conciliation" und "compulsory mediation" angestrebt werden, um einen wirklichen Streik zu vermeiden. Gelingt das nicht, kann die zuständige Regierungsstelle den "Notstand" ausrufen: die "Emergency Adjustment Procedure" beginnt. Die Streikentscheidung wird erneut um 30 Tage verzögert. Gefährdet der Streik das öffentliche Leben ("daily life of general public") wird dem Antrag nicht stattgegeben und eine Kompromißlösung diktiert.

Für Unternehmen mit Auslandsbeteiligung von 100.000 US-$ und mehr und für Firmen mit niedrigerem ausländischem Kapitalanteil, die vorwiegend für den Export produzieren, wurde 1970 mit dem Gesetz "Provisional Exceptional Law Concerning Labour Unions and the Settlement of Labour Disputes in Foreign Invested Firms" (Nr. 2192, 1.1.1970) ein noch strengeres Schlichtungsverfahren als das obige geschaffen. Nach der ersten "cooling-off"-Periode wird, falls keine Kompromißlösung gefunden wurde, die Schlichtung direkt von staatlicher Seite herbeigeführt.

Allgemeinpolitische Stellungnahmen sind den Gewerkschaften ebenso untersagt wie überbetriebliche Tarifvereinbarungen und überbetriebliche Arbeitsniederlegungen.

Die Gewerkschaften sind formal nach dem Vorbild des DGB aufgebaut. Der koreanische Dachverband "Federation of Korean Trade Unions" (ab hier: FKTU) vertritt 17 Industriegewerkschaften. Zweig- und Betriebsgewerkschaften bilden die Basis der Organisation. (11)

Die Hierarchisierung innerhalb des Gewerkschaftsapparates ist, entsprechend dem überkommenen koreanischen Sozialgefüge, sehr streng: Der Vorsitzende der Zweiggewerkschaft kann ohne Absprache mit der Basis über Tarifabschlüsse entscheiden. Der Zuständigkeitsbereich der Gewerkschaftszentrale schließt die Aufhebung der getroffenen Beschlüsse auf der untergeordneten Ebene ein. (12)

Zu der starken Zentralisation kommt noch die Personalisierung in den Gewerkschaftsspitzen hinzu:

"Gewerkschaftsführer werden von geschlossenen Gruppen persönlicher Gefolgsleute gestützt und in Machtpositionen gebracht. Sie sorgen dann ihrerseits für das Fortkommen ihrer Gefolgsleute in jeder, auch in materieller Hinsicht. Die Auseinandersetzungen zwischen den einzelnen Gruppen sind häufig nicht politisch motiviert. Es wird vielmehr eine Führungsposition als Pfründe angestrebt, um sich und die Gruppe zu versorgen." (13)

Leicht abzuleiten aus dieser Clanwirtschaft sind regelmäßige Manipulationen, die von einfacher Bestechung bis zum Einsatz von Karatekämpfern reichen, um sich vor Gegnern und Konkurrenten zu schützen.

"Im Dong II Textilwerk von Inchon legte die Unternehmensleitung ihr Veto gegen die von der weiblichen Belegschaft präsentierten Kandidaten für die Wahlen in die Betriebsgewerkschaft ein. Angeheuerte Rowdytrupps versuchten die Arbeiterinnen zu zwingen, ihre Wahllisten zurückzuziehen. Die protestierenden Frauen und Mädchen wurden mißhandelt, geschlagen, mit Farbe begossen und mit Kot beworfen. Nach den folgenden Demonstrationen und Streikaktionen wurden 20 verhaftet, 124 entlassen und von der koreanischen Textilarbeitergewerkschaft mit einem Berufsverbot belegt." (14)

Die Gewerkschaftsmitglieder werden ausschließlich aus der Schicht der regulär beschäftigten Arbeiter und Arbeiterinnen der Betriebe mit 16 und mehr Beschäftigten rekrutiert. Die Arbeiterinnen werden

als Beitragszahler akzeptiert; ihrer Diskriminierung am Arbeitsplatz
(schlechtere Arbeitsbedingungen und eine Entlohnung weit unter dem
Niveau der männlichen Stammarbeiter) werden keine Forderungen auf
Gleichstellung entgegengesetzt. Die Gewerkschaftspolitik ist hauptsächlich auf die männlichen Stammarbeiter ausgerichtet, um deren Privilegien
zu erweitern und gegen die Ansprüche der benachteiligten Schichten
innerhalb der Arbeiterschaft zu verteidigen. (15)

Die Mitgliederzahl der Gewerkschaften ist in den 70er Jahren infolge
der raschen Industrialisierung und der damit verbundenen Ausweitung
der industriellen Beschäftigung absolut gestiegen. Allerdings hat der
Organisationsgrad abgenommen: Waren 1966 noch 31% der organisierbaren
Arbeiter Mitglied, so schrumpfte der Organisationsgrad auf 26% 1975
und 24% im Jahre 1979. (16) Mit dem zunehmenden Anteil der Großfirmen
in dem verarbeitenden Gewerbe ist auch der Anteil der Firmen gestiegen,
deren Betriebsangehörige mit dem Eintreten in das Arbeitsverhältnis
automatisch Gewerkschaftsmitglieder werden ("closed shop"). (17)

Die mangelhafte Interessenvertretung der südkoreanischen Gewerkschaften
läßt sich aus folgenden Beispielen belegen:
Im Jahre 1977 enthalten von 1.300 Arbeitsverträgen, die die Gewerkschaft
mit dem Unternehmer verfaßt haben, nur 75% eine Klausel über die
Entlohnung. In 74% fehlt jedwede Bestimmung über die Arbeitszeitregelung
für minderjährige Arbeiter/innen. Dagegen sind die gewerkschaftlichen
Eigeninteressen gewissenhaft in die Verträge aufgenommen: in 90%
ist die Abgabepflicht der Beitragszahlung innerhalb des Arbeitsvertrages
geregelt. (18)

Ein ähnlich schlechtes Licht fällt auf die Gewerkschaft, wenn die
Angebote für die Weiterbildungsmöglichkeiten der Mitglieder betrachtet
werden. Die Kenntnis der Arbeitsgesetzgebung ist unter der Arbeitern
bis heute noch nicht weit verbreitet (die Arbeitsgesetze sind in chinesischen Schriftzeichen verfaßt). Aufklärungsarbeit über die Rechte
der Arbeiter und eine Aktivierung der Mitglieder für die Gewerkschaftsarbeit scheinen nicht im Interesse der Gewerkschaftsfunktionäre zu
liegen:

"Bildung und Information sind vor allem Führungs- und Kontrollmittel der herrschenden Clans, während die Aktivierung der Mitgliedschaft im Sinne demokratischer Beteiligung dahinter zurücksteht." (19)

Daneben veranstalten die großen Gewerkschaftsorganisationen jährlich ca. 3.500 Sitzungen und Tagungen, deren Kosten in keinem Verhältnis zu den Ergebnissen stehen: Einer Vereinheitlichung der Meinungen und einer gemeinsamen Strategieentwicklung zur Durchsetzung der Interessen der Mitglieder wird nur selten Vorschub geleistet. (20)

Die enge Verflechtung der Regierung mit der Gewerkschaftsspitze zeigte sich z.B. 1972, als das Zentralkomitee des FKTU einem Aktionsprogramm zustimmte, das ein gänzliches Einschwenken auf die Diktatur und die ausdrückliche Zustimmung zur Niedriglohn-Politik der Regierung enthielt. 1974 erzwang die Regierung beim FKTU-Vorsitzenden einen Beschluß gegen die christlichen Arbeitermissionen, der deren Einsatz für die Arbeiter/Arbeiterinnen als kommunistische Aktionen diffamierte, was einer Sanktionierung der späteren Verhaftungswelle durch die Regierung gleichkam. (21)

Solche Zugeständnisse an die Diktatur werden nicht unbedingt freiwillig gemacht: durch die ständige Überwachung der Gewerkschaftsfunktionäre durch den KCIA sind diese einer Bedrohung ausgesetzt, da jede systemkritische Äußerung eine Verhaftung nach sich ziehen kann.

"Die Gewerkschaften stehen unter ständiger offener Bewachung des KCIA. Resolutionsentwürfe, Konzepte öffentlicher Reden oder Manuskripte von Publikationen sind dem KCIA vorher vorzulegen, KCIA-Agenten nehmen an wichtigen Sitzungen, Konferenzen und selbst an Bildungsseminaren der Gewerkschaften - häufig höchst offiziell - teil." (22)

Die Situation der südkoreanischen Gewerkschaften der 70er Jahre hat sich nach der Ermordung Präsident Parks (1979) verschlechtert: die Revidierung der Gewerkschaftsgesetze vom 30.12.1980 verschärft die Kontrollmittel der Regierung. Regionale Zweiggewerkschaften sind nach der neuen Verordnung nicht mehr zulässig. Zudem wurde die Anzahl der Funktionäre auf der mittleren Gewerkschaftsebene abgebaut. 80 unliebsame Funktionäre wurden gefeuert und einige davon verhaftet.

Entscheidend ist die neue Bestimmung, die eine autonome Willensbildung innerhalb der Belegschaft unmöglich werden läßt: In allen Betrieben mit 60 und mehr Beschäftigten ist seit 1981 ein Offizier des KCIA eingesetzt, um nach offizieller Sprachregelung die "Sicherheit im Betrieb" zu erhöhen. Die totale Kontrolle der Arbeiter und der Gewerkschaftsbewegung ist der Regierung dadurch gesichert. Wer eine systemkritische Äußerung wagt, setzt sich dem Verdacht aus, ein Kommunist zu sein, was 7 bis 10 Jahre Gefängnis oder "Umerziehungslager" bedeuten kann. (23)

Desweiteren ist in jedem Betrieb ein Komitee einzurichten, das der besseren Verständigung zwischen den "Tarifpartnern" dienen soll. Die Vertreter der Belegschaft werden von den Betriebsangehörigen gewählt. Die Kandidaten müssen nicht gewerkschaftlich organisiert sein. Diese Institution soll ohne das Kampfmittel der Arbeitsniederlegung einzusetzen, auftretende Probleme mit der Unternehmensleitung bereden und Kompromißlösungen anstreben. (24)

Die verschlechterten Bedingungen für die Gewerkschaftsaktivitäten als Folge der revidierten Gewerkschaftsgesetze werden auch von dem Republikaner Clement Zablocki in seinem "State Department Human Rights Report", den er Anfang 1981 dem US-Congress vorlegte, festgehalten. Es heißt dort:

> "Restructuring of the trade union movement in 1980 limited the ability of labor to influence economic policy and has weakened its strength in collective bargaining. ... The government has forced the only national union center, the FKTU, to disband its organisations and it has limited the number of officers and professional staff." (25)

Die Funktion der südkoreanischen Gewerkschaften ist widersprüchlich bestimmt: einmal besteht ihre Mission in der Erhaltung des innerbetrieblichen und sozialen Friedens. Ökonomische Forderungen werden demzufolge durch den Gewerkschaftsapparat teilweise aufgenommen und an die Unternehmensleitung herangetragen. Diese kooperativistische Rolle der Gewerkschaft stellt sie als integratives Moment in den Auseinandersetzungen zwischen Lohnarbeit und Kapital dar. Die erzielten Erfolge in dieser Funktion begründen auch ihre fortdauernde Existenz die immerhin von 25% der organisierten Arbeiterschaft getragen wird.

Zum anderen ist die Gewerkschaft aber auch das staatliche Kontrollinstrument der Arbeiterbewegung. Übersteigen die Forderungen der Basisgewerkschaften die Vorstellungen der Kapitalisten und der Regierung, wird ihnen entweder von der Gewerkschaftsspitze oder staatlicherseits das Existenzrecht abgesprochen.

Ilse Lenz kommt zu einer ähnlichen Einschätzung der Gewerkschaften in Südkorea. Sie schreibt:

"Heute stellen die Gewerkschaften im Rahmen des südkoreanischen Herrschaftssystems sowohl ein Kontrollinstrument über die Arbeiterbewegung als auch ein sehr gründlich bewachtes Dampfventil für ökonomische Forderungen dar." (26)

Diese Zwischenstellung der Gewerkschaft ist in den 70er Jahren weiten Teilen der Arbeiterschaft klar geworden:

Ab Mitte der 70er Jahre sind in Südkorea Arbeitskämpfe und politische Demonstrationen zu beobachten gewesen, die ohne die Beteiligung der offiziellen Gewerkschaften stattfanden. In den ersten Jahren sind es vor allem junge Frauen gewesen (die Arbeiterinnen am Friedensmarkt u.a.), die für verbesserte Arbeitsbedingungen eintraten. Teilerfolge konnten erzielt werden: 1975 wurde der Arbeitsschluß in den kleinen Textilfabriken um 20.00 Uhr durchgesetzt. 1976 konnten die Arbeiterinnen eine nominale Lohnerhöhung um 32% erkämpfen. 1977 gelang es ihnen sogar, ihre gegründete "Gewerkschaft der Arbeiterinnen am Friedensmarkt" offiziell genehmigt zu bekommen. (27) Allerdings solidarisierten sich mit den Arbeiterinnen neben Studenten und Studentinnen und Vertretern christlicher Organisationen keine relevanten Teile der männlichen Arbeiterschaft.

1980 nach dem Tode von Präsident Park (26.10.1979) stiegen die illegalen politischen Aktionen sprunghaft an. In den ersten vier Monaten sind offiziell 848 Konflikte in den Betrieben registriert worden. (28) Die Aktionsformen umfassen Streiks, Sit-ins, Hungerstreiks u.a. Ganz entscheidend in dieser Zeit ist das offene Zutagetreten der Unzufriedenheit vieler Arbeiter/innen mit der Gewerkschaftsführung. 86 Aktionen richteten sich gegen die Gewerkschaft bzw. wurden unabhängig von ihr ausgeführt.

"Plagued by corrupt leaders, some union members demonstrated
in opposition to leaders who held their position as a result
of rigged elections, vote 'buying', and/or through the assistance
of government agents who discouraged 'unsuitable' opposition
candidates from running for union offices." (29)

Mit dem harten Vorgehen der Truppen des neuen Präsidenten Chon
Doo Hwan gegen Demonstrationen in Seoul und der Rückeroberung
der Stadt Kwangju im Mai 1980, wobei bis zu 2.000 Menschen den
Tod fanden, wurden allen Emanzipationsbewegungen schlagartig ein
Ende gemacht. Die neuen Arbeitsgesetze und die revidierten Gewerkschaftsgesetze sprechen ebenfalls für das Fortbestehen diktatorischer Verhältnisse. 1981 wurde die Gewerkschaft am Friedensmarkt verboten.
Arbeiterinnen, die der Rädelsführerschaft beschuldigt wurden, sind
verhaftet worden. Andere wurden entlassen und auf schwarze Listen
gesetzt, damit sie keine Arbeit mehr finden können und ihre politische
Wirkung innerhalb der Belegschaft ausbleibt. (30)

Der Exkurs über die Gewerkschaften und die Arbeiterbewegung in
Südkorea hat gezeigt, daß das Gewicht der Gewerkschaften in dem
Lohnfindungsprozeß nur marginal sein kann. Die notwendigen Spielräume
zur Durchsetzung bahnbrechender Lohnforderungen sind den Gewerkschaften
mit den repressiven Gewerkschaftsgesetzen und der ständigen staatlichen
Kontrolle und Intervention genommen. Die Rolle des Staates in der
Lohnfrage ist durch den Charakter der Gewerkschaftsgesetze ebenfalls
deutlich geworden.

1.3. Gesetzliche Bestimmung der Überstundenbezahlung

Es sei hier noch die einzige staatliche Lohngesetzgebung und deren
geringe Wertschätzung genannt.

Innerhalb des LSL ist die gesetzliche Bestimmung der Überstundenbezahlung aufgenommen. Danach müssen Überstunden, Nachtarbeit,
die Arbeit an Sonn- und Feiertagen, sowie die während der Urlaubs-
zeit mit 150% des "Normallohnes" abgegolten werden. (31)

Allerdings ist in dem komplexen koreanischen Lohnsystem, das an anderer Stelle dargestellt wird, die Bestimmung des "Normallohnes" nicht leicht zu vollziehen.

"Additional examples of disputes involve the matter of computing the periodic or annual bonus and/or overtime pay rate on the 'base' wages <u>versus</u> 'normal' wages." (32)

Die Kluft zwischen den gesetzlichen Bestimmungen und der Wirklichkeit wird deutlich, wenn die Berichte der Betriebsinspektionen betrachtet werden. In 31.739 untersuchten Firmen wurden 42.535 Gesetzesverletzungen registriert (1980). Davon sind allein 30.214 Fälle aufgeführt, die die Entlohnung betreffen. (33)

Desweiteren spricht die niedrige Anzahl der Inspektoren, die das Arbeitsministerium angestellt hat, für die lasche Handhabung des Gesetzes: Den 270 Inspektoren stehen 1979 37.000 Betriebe mit 10 und mehr Beschäftigten gegenüber. Die Bestechlichkeit dieser Personen ist bekannt:

"This problem is made even worse by the widespread belief that labor inspectors are easy targets for bribery." (34)

Der Staat läßt also den Unternehmern in der Lohnfrage faktisch freie Hand.

Nachdem die institutionelle Einflußnahme auf die Lohnhöhe, sowohl durch die staatlichen als auch durch die Gewerkschaften, weitgehend bedeutungslos sind, bleibt das Kapital als einziges Instrument der Lohnbestimmung:

"Besides the government's nonintervention in wage determination, inadequate organisation and extremly weak bargaining power of Korean unionism allow the employer to determine the wage level almost unilaterally in a paternalistic or despotic manner." (35)

Die Freiheit des einzelnen Unternehmers in der Lohnbestimmung wird jedoch durch die Konkurrenz der Firmen untereinander eingeschränkt, wenn die Nachfrage nach Arbeitskräften das Angebot übersteigt.

Deshalb sei hier kurz auf die Struktur des koreanischen Arbeitsmarktes eingegangen.

1.4. Arbeitsmarktstruktur

Der Arbeitsmarkt Südkoreas setzt sich einerseits aus einer unerschöpflichen Masse junger, unqualifizierter Arbeiter und Arbeiterinnen und andererseits aus einem niedrigen Anteil qualifizierter Arbeitskräfte zusammen.

Die hohe "Labour-Turn-over" Rate der Un- bzw. Angelernten (vgl. S.), die hohe Zahl der Tagelöhner und Arbeiter mit Zeitverträgen und die hohe Arbeitslosigkeit lassen auf eine große industrielle Reservearmee des Kapitals schließen. (36)

Die ständige Drohung der Arbeitslosigkeit zwingt die Arbeiter, ihre Arbeitskraft unter den Bedingungen, die das Kapital setzt, zu verkaufen. Die Konkurrenz unter den Arbeitern erlaubt dem Kapital, die Löhne unter den Reproduktionskosten der Arbeitskraft zu halten.

Weitaus bessere Chancen, eine angemessene Entlohnung dem Kapital abzufordern, haben die qualifizierten Arbeitskräfte, da eine Knappheit an Facharbeitern auf dem koreanischen Arbeitsmarkt besteht:

> "Der Ausgangsbestand des ersten Vocational Training Plans von 1967 war eine gravierende Lücke an ausgebildeten und einsatzfähigen Fachkräften, die seit jener Zeit trotz der Anstrengungen des Vocational Training nicht wirklich geschlossen werden konnte. Sie beträgt ohne Einbeziehung von Technikern und Ingeneuren etwa 200.000 gewerblich-technische Arbeitskräfte pro Jahr; zur Zeit werden angeblich zwei Drittel dieses jährlichen Nettobedarfs durch das Vocational Training gedeckt." (37)

Die Einstellungschancen und die Entlohnung des Facharbeiters sind demzufolge viel besser als die des ungelernten Arbeiters.

Wir haben gesehen, daß das allgemeine Lohnniveau in Südkorea nach der historischen Bestimmung sehr niedrig anzusetzen ist. Ferner wurde deutlich, daß dem Kapital die Bestimmung der Lohnhöhe überlassen wird. Der Staat nimmt auf die Entlohnung nur einen geringen Einfluß. Der Gewerkschaften können dem Kapital keine bedeutenden Forderungen entgegenstellen, da ihre politischen Spielräume eng umgrenzt sind. Einzig die Knappheit an Facharbeitern deutet auf mögliche Zugeständnisse des Kapitals für diesen Teil der Arbeiterschaft hin.

Aber nicht nur die Bestimmung der Lohnhöhe liegt in der Macht des Kapitals. Auch die Lohnform wird von dem Kapital ausgewählt. In Südkorea treffen wir auf ein besonderes Lohnsystem, in dem die Verschleierung des Ausbeutungsverhältnisses stärker ist als in anderen Lohnformen.

2. Das koreanische Lohnsystem

Ein Bestandteil des historisches Erbes Koreas, das sich das Kapital für die Interessen der Profitmaximierung zunutze gemacht hat, ist das japanische Lohnsystem. Der Lohn des südkoreanischen Arbeiters splittert sich in mannigfaltige Bestandteile auf. Der Grundlohn ("basic wage") macht einen viel geringeren Anteil an dem Gesamtlohn aus als es in anderen westlichen Lohnsystemen üblich ist. Zusatz- und Bonuszahlungen nehmen einen großen Stellenwert in der Entlohnung ein.

Die Besonderheit dieser Lohnform liegt in der starken Verschleierung des Ausbeutungsverhältnisses, in das der Arbeiter durch die Lohnarbeit gesetzt ist. Hier erscheint der Kapitalist als Wohltäter und Gönner, der je nach dem individuellen Verhalten des Arbeiters finanzielle Vergünstigungen gewährt. Der patriarchalische Charakter, den der Kapitalist annimmt, wird durch das Lohnsystem ständig reproduziert und erschwert den Arbeitern das Bewußtwerden der wirklichen Verhältnisse. Einzelne Posten des Lohnes erzeugen die Illusion, daß die Höhe des Entgeltes durch die Leistung und das Wohlverhalten des Arbeiters bestimmt wird. Die damit verbundene Hervorhebung der Individualität des Arbeiters schmälert die Chancen der Organisation in der Gewerkschaft.

Ein weiteres Problem, das sich aus der Mannigfaltigkeit der Lohnzusammensetzung ergibt, ist die erschwerte Vergleichbarkeit der gezahlten Löhne innerhalb der Belegschaft und zwischen verschiedenen Firmen. Auch diese Besonderheit des Lohnsystems ist ein Hemmnis für die kollektive Interessenvertretung der Lohnarbeiter gegenüber dem Kapital.

2.1. Lohnform

Die Komplexität der koreanischen Lohnform wird aus folgendem Beispiel deutlich:

> "Ms N receives a salary of 31,131 won, the basic salary being 12,305 won, and the rest consisting of various allowances for job position (1,075 won), special service (535 won), night duty (2,675 won), overtime (4,112 won), special grant (4,112 won), leave (642 won), public holiday (3,210 won), monthly time off (535 won), menstruation leave (535 won), achievement (374 won), food (2,070 won) and other (2,611 won)." (38)

Die verschiedenen Posten des Entgeltes werden in vier Hauptgruppen eingeteilt und nachfolgend dargestellt:

1. Grundlohn (basic salary, basic wage)
2. Zusatzzahlungen (allowances)
3. Jahresprämie (bonus)
4. andere Leistungen (welfare benefits).

1. Grundlohn

Im Jahre 1966 wurde in 36,2% der Unternehmen der verarbeitenden Industrie der Grundlohn nach der Anzahl der produzierten Waren des einzelnen Arbeiters berechnet (Stücklohn). Größere Unternehmen zahlen überwiegend in der Form des Zeitlohnes. (39)

Allerdings wird in der Berechnung des Zeitlohnes nicht die Arbeitsstunde zum Maßstab genommen, sondern es wird eine monatliche Lohnsumme festgelegt. Die Entlohnung für Tagelöhner wird demnach deduktiv ermittelt: so wird der Monatsgrundlohn durch die Anzahl der monatlichen Arbeitstage (z.B. :25) dividiert. Ein Stundenlohn, wie er in westlichen Industrieländern besteht, existiert also nicht in Südkorea.

> "Hourly rates are rarely used in Korea. They are generally used in calculating overtime allowances only in the case of large firms. In small firms, overtime allowances are not uniquely related to the hours overworked." (40)

Die Festsetzung des Grundlohnes geschieht nicht ohne die Höhe der Zusatzzahlungen einzukalkulieren. Diese sind in ihrem Umfang und in der Benennung von den Unternehmen abhängig.

2. Zusatzzahlungen (allowances)

Der bedeutenste Unterschied des koreanischen Lohnsystems zu den anderen liegt in dem hohen Anteil der Zusatzzahlungen an dem direkten Entgelt. Der hohe Anteil kommt vor allem deshalb zustande, da die Überstundengelder innerhalb der sogenannten "encouragement allowances" ausbezahlt werden.

Folgende Aufstellung zeigt die Vielfalt der Zahlungen und die willkürliche Bezeichnung der einzelnen Leistungen.

allowances
- Living allowances:
  Includes allowances reflecting different cost of living of each employee such as dependent allowance, housing allowance, and locality allowance
- Encouragement allowances:
  Includes allowances such as overtime, holiday work, night shift, skill, position, and special assignment.
- Other allowances:
  Education allowance, continuous service allowance, etc. (41)

Der Anteil der Zusatzzahlungen an den Monatslöhnen ist von der Größe der Unternehmen abhängig. So betrugen 1962 die Basislöhne in Betrieben mit 20 - 49 Beschäftigten 80,9%, während sie in Betrieben mit 500 und mehr Arbeitern nur 66,7% ausmachten. (43)

3. Jahresprämie (bonus)

Ein- oder zweimal im Jahr wird ausschließlich den regulär Beschäftigten eine Prämie ausgezahlt, die einen erheblichen Anteil des jährlichen Gesamteinkommens ausmacht. Das Bonussystem wird vorwiegend in größeren Firmen angewandt. Die Höhe der Vergütung richtet sich nach dem Monatsgrundlohn und wird in Prozent ausgedrückt: so erhalten die Stammarbeiter in den großen Unternehmen zwischen 400% und 700% des Monatslohnes als Jahresprämie.

> "The average starting salary for college graduates in the top 100 companies is 129.000 won and some earn 150.000 - 170.000 won monthly plus a 400-700% annual bonus." (44)

Da der Bonus nach den Basislöhnen berechnet wird, erhöht er schon bestehende Lohnunterschiede innerhalb der Belegschaft.

Gerade durch die Anwendung des Bonussystems wird deutlich, daß die erzielte Lohnhöhe des einzelnen Arbeiters stark an das Unternehmen gebunden ist, in dem er beschäftigt ist. Ist die ökonomische Lage des Unternehmens besser, gibt es eine höhere Prämie. Bei schlechter Geschäftslage kann der Bonus zurückgehalten werden. Einen gesetzlichen oder im Arbeitsvertrag verankerten Anspruch der Arbeiter auf die Prämie gibt es nicht. So erhält das Bonussystem die Form eines Geschenkes der Unternehmensleitung an die Stammbelegschaft. Durch die ausschließliche Zahlung der Prämie an Arbeiter und Arbeiterinnen, die mindestens ein Jahr in dem Unternehmen beschäftigt sind, werden die Arbeiter mit Zeitverträgen um diese finanzielle Leistung gebracht.

4. andere Leistungen (welfare benefits)

Die obligatorischen Beiträge für das Versicherungssystem teilen sich wie folgt auf:

Die **verbindlichen Leistungen** (45) sind die staatlich festgelegten Beiträge für das Versicherungssystem:

- Krankenversicherung

  Die Beiträge belaufen sich auf 3 - 8% des Gesamtlohnes und werden von dem Arbeitnehmer und dem Arbeitgeber zu gleichen Anteilen gezahlt. 1979 sind nur Stammarbeiter in Betrieben mit 300 und mehr Beschäftigten krankenversichert.

- Unfallversicherung

  1980 sind 23% aller Lohnarbeiter in die Unfallversicherung aufgenommen. Die Beiträge belaufen sich auf 1,13% der Lohnsumme.

- Entlassungsgelder

  Nach dem Arbeitsgesetz sind alle Unternehmen mit 16 und mehr Beschäftigten verpflichtet, ein Versicherungssystem zur Altersversorgung für die Stammarbeiter einzurichten:

  "An employer shall establish a Retirement Allowance System
  which provides at least thirty days average wage for each
  year of continuous services of workers scheduled for retirement.
  However, this paragraph shall not be applicable to employer
  having service of less than one year." (46)

  Die zum Zeitpunkt des Ausscheidens aus dem Arbeitsverhältnis zu zahlende Geldsumme ist ein wesentlicher Bestandteil der Arbeitskosten.

Unter die **freiwilligen Leistungen** fallen z.B. das kostenlose Bereitstellen der Arbeitskleidung, der Schlafhäuser, der Mahlzeiten oder des Transportwesens u.a.

Die höchsten Ausgaben werden von den Unternehmen für die Nahrungsmittelversorgung der Belegschaft bestritten. Damit sichert sich das Kapital eine ausreichende Ernährung seiner Arbeitskräfte, um deren Arbeitsvermögen aufrechtzuerhalten.

> "Zu den Gehältern kommen Nebenleistungen, wie für Fahrtkosten und Mittagessen, hinzu, die bis zu 80% - meist zwischen 50 und 60% - das Einkommen erhöhen. Höhere Angestellte haben meist einen Dienstwagen mit Fahrer, den sie auch zu privaten Zwecken nutzen dürfen." (47)

Insbesondere die großen Firmen stellen ihren Beschäftigten einen erheblichen Umfang von Extraleistungen zur Verfügung. Hier ist z.B. der Wohnungsbau zu nennen. Firmeneigene Appartments werden den Stammarbeitern zu sehr niedrigen Mieten, die mehr symbolischen Charakter annehmen, überlassen. So wird die Wohnungssituation eines Facharbeiters der "Korea Fertilizer Co., Ltd." wie folgt beschrieben:

> "With his family he lives in one of the company-owned family houses, 25 pyong or 82.5 sqm, little garden. Monthly rent: 500 Won plus extras (water, electricity, telephone), some 10,000 Won. No telephone cost within the city of Ulsan." (48)

2.2. Innerbetriebliche Lohnbestimmung

Neben der Mannigfaltigkeit der Lohnbestandteile ist auch die innerbetriebliche Lohnbestimmung eine Besonderheit. Die Kriterien, die das koreanische Management der Entlohnung zugrunde legt, sind eng an die persönlichen Merkmale der Arbeitskraft geknüpft.

> "Individual-based Wage System: Attributes of Individual Workers are Most Important and Characteristics of Jobs are of Secondary Importance" (49)

Der soziale Status des einzelnen wird in der Entlohnung besonders stark berücksichtigt. Die schulische Qualifikation, das Alter, das Geschlecht u.a. erhalten eine entscheidende Bedeutung. Die zu verrichtende Arbeit spielt in der Entlohnung eine geringere Rolle.

"... it is widely held in both Japan and Korea that the higher the educational atteinment, the higher should be the starting wages, regardless of ability of the employee." (50)

Deshalb wird dieses System der innerbetrieblichen Lohndifferenzierung häufig als "Yon-kong"-System bezeichnet. Nach der wörtlichen Übersetzung steht "Yon" für "Jahre" und "Kong" für "Verdienst" (im Sinne von (engl.) "merit").

Die Lohnbestimmung wird unter dem koreanischen Management vorwiegend von diesen zwei Kriterien bestimmt. Die "Jahre" umfassen die Dauer der Schulausbildung und/oder die Erfahrungen, die die betreffende Person während den Dienstjahren am Arbeitsplatz gewonnen hat. Die Leistungen oder der "Verdienst" des Arbeiters, die eng an das erste Kriterium gebunden sind, werden in dem zweiten Begriff ausgedrückt.

Das "Yon-kong"-System spiegelt das Prinzip der Dauerbeschäftigung wider, da der einzelne mit den zunehmenden Dienstjahren in der betrieblichen Hierarchie aufsteigt und dementsprechend nach und nach die Lohnskala hochklettert.

Mit den genannten Kriterien zur innerbetrieblichen Lohndifferenzierung ist die Diskriminierung der Frauen schon vorweg abgeleitet: in der Anzahl der Jahre der Betriebszugehörigkeit, hinsichtlich der Schulausbildung, der betrieblichen Ausbildungschancen und last not least der allgemeinen sozialen Stellung in der koreanischen Gesellschaft sind die Frauen gegenüber den Männern stark benachteiligt.

Im nächsten Kapitel werden wir die Lohnunterschiede zwischen Männern und Frauen ausführlich darstellen.

3. Lohnentwicklung

Die wirtschaftlichen Erfolge Südkoreas in den 70er Jahren beruhen letztlich auf der alternativlosen Niedriglohnpolitik (vgl. meine Ausrührungen auf S. 36).

Zu fragen ist, ob die Lohnarbeiter des Kapitals im Laufe der Jahre ihre materielle Situation verbessern konnten. Wenn es reale Lohnsteigerungen gegeben hat, ist nach der Größe zu fragen: In welchem Verhältnis stehen die Lohnsteigerungen zu den Wachstumsraten des Bruttosozialprodukts (ab hier: BSP) und zu den Produktivitätssteigerungen?

Schließlich wird versucht, bestimmte Fraktionen innerhalb der Lohnarbeiter des Kapitals ausfindig zu machen, die ihre materielle Situation überdurchschnittlich verbessern konnten. Hat die Industrialisierung eine Privilegierung bestimmter Teile der Arbeiterschaft hervorgebracht? Umgekehrt ist zu fragen, ob bestimmte Teile der Lohnarbeiter benachteiligt worden sind. Welche Gruppen haben am wenigsten von der wirtschaftlichen Entwicklung profitiert?

Die größte Schwierigkeit besteht in der Bestimmung der realen Lohnzuwächse. Die Großhandelspreise sind in Südkorea in den Jahren 1962 - 1980 durchschnittlich pro Jahr um 15,4% gestiegen. Der Anstieg der Verbraucherpreise im gleichen Zeitraum lag bei 15,1%. (51) Die Reallohnsteigerungen lassen sich nur unter der Verwendung der offiziellen Daten der Preisentwicklung errechnen. Die Inflationsraten, die den Lohnstatistiken zugrundegelegt werden, sind mit Sicherheit zu niedrig angegeben. Um diese Unsicherheit auszugleichen, werden die Zugewinne an Kaufkraft der Lohnarbeiter des Kapitals in der Untersuchung der Konsumstruktur der Lohnarbeiterhaushalte im Anschluß an dieses Kapitel in den Mittelpunkt gestellt.

3.1. Reallohnsteigerungen in den 70er Jahren

Tabelle 10: Lohnsteigerungsraten der Lohnarbeiter des Kapitals (1970 - 1980)

Jahr	Nominallöhne (1) Index	Wachstumsrate	Reallöhne (1) Index	Wachstumsrate	Verbraucherpreise (2) Index	Wachstumsrate	BSP- Wachstumsrate
1970	38.8		78.9		49.1		7.6
1971	44.7	15.4	80.3	1.8	55.7	13.4	9.4
1972	52.5	17.5	84.5	5.2	62.2	11.7	5.8
1973	58.6	11.5	91.2	8.0	64.2	3.2	14.9
1974	77.2	31.9	96.8	6.1	79.8	24.3	8.0
1975	100.0	29.5	100.0	3.3	100.0	25.3	7.1
1976	135.5	35.5	117.5	17.5	115.3	15.3	15.1
1977	179.0	32.1	140.9	19.9	127.0	10.2	10.3
1978	241.6	35.0	166.3	18.0	145.3	14.4	11.6
1979	310.0	28.3	180.3	8.4	171.9	18.3	6.4
1980	382.6	23.4	172.9	-4.1	221.3	28.7	-5.7
1972-1976		24.8		7.9		12.7	10.1
1977-1980		29.6		10.1		15.7	5.4
1971-1980		25.7		8.2		17.7	8.3

Quelle:
(1) Office of Labour
(2) EPB
(3) Bank of Korea aus:
"Major Statistics of Korean Economy", 1981, EPB, RoK, S. 98ff.

Die Tabelle 10 zeigt, daß die realen Lohnsteigerungen (nach offiziellen Angaben) in den 70er Jahren durchschnittlich 8,2% betragen haben. Die Wachstumsraten des BSP belaufen sich in dem gleichen Zeitraum auf durchschnittlich 8,3% pro Jahr. Es scheint, daß die realen Lohnsteigerungen den wirtschaftlichen Zuwachsraten entsprechen.

Betrachtet man sich jedoch die Zeitabschnitte 1972 - 1976 und 1977 - 1980 näher, muß festgestellt werden, daß die Lohnsteigerungsraten Anfang der 70er Jahre hinter den BSP-Wachstumsraten zurückgeblieben sind: Beträgt die durchschnittliche Steigerung der Löhne real 7,9%, so ist das BSP-Wachstum mit 10,1% angegeben. Ab 1977 verhalten sich die Lohnzuwächse zu der Zunahme des BSP umgekehrt: Erreicht das Wachstum des BSP bis 1980 5,4%, so sind für die Reallöhne eine Steigerung von 10,1% ausgewiesen.

Der Zusammenhang des Wirtschaftswachstums (gemessen am BSP) und den Löhnen läßt sich am deutlichsten in den Krisenzeiten nachweisen. 1974 fällt die Wachstumsrate von 14,9% des Vorjahres auf 8% zurück. Die Löhne steigen zwar nominal in diesem Jahr auf 31,9%, erreichen aber real nur ein Wachstum von 6,1%. Noch krasser ist die Lohnentwicklung 1980 an das BSP-Wachstum gekoppelt: Das BSP nimmt zum erstenmal in dem Industrialisierungsprozeß absolut ab. Die Verminderung des BSP beträgt zu 1979 5,7%. Die sehr hohe Inflation, die offiziell mit 28,7% angegeben ist, führt bei einer Nominallohnsteigerung von 23,4% erstmals zu einem Reallohnabbau. Die Reallöhne gehen 1980 um 4,1% im Vergleich zum Vorjahr zurück.

Zusammenfassend kann gesagt werden, daß in den 70er Jahren für die Lohnarbeiter des Kapitals eine reale Lohnsteigerung stattgefunden hat. Allerdings sind die Lohnzuwächse stark an die konjunkturellen Bewegungen gebunden und blieben hinter den wirtschaftlichen Wachstumsraten zurück.

Die Lohnsteigerungen sind wegen der galoppierenden Inflation nur sehr schwer auf den wirklichen Zuwachs an Kaufkraft zu überprüfen. Es ist gerade in Ländern mit hohen Einkommensunterschieden problematisch, nur eine Inflationsrate für die Bestimmung der realen Lohnzuwächse zu nehmen, da mit dem unterschiedlichen Einkommen auch die Konsumtionsstruktur verschieden ist und damit die Auswirkungen der Inflation auf die Kaufkraft der Lohnarbeiter sich stark unterschiedlich ausdrücken. Aber trotz diesen Ungenauigkeiten kann davon ausgegangen werden, daß die Lohnarbeiter Einkommenszuwächse erhalten haben, die allerdings mit Sicherheit unter den offiziellen Angaben liegen werden.

Es stellt sich nun die Frage, welche Lohnunterschiede nach Wirtschaftsbereichen, nach Berufsgruppen und nach dem Geschlecht bestehen. Einmal soll gefragt werden, ob sich die Lohnunterschiede über die

betrachteten zehn Jahre verringert bzw. vergrößert haben, zum anderen
welche Kriterien für die Auseinanderentwicklung bzw. Annäherung
der Lohnhöhen entscheidend gewesen sind.

3.2. Lohnunterschiede nach Wirtschaftsbereichen

Tabelle 11: Nominallöhne nach Wirtschaftsbereichen (1970, 1975, 1980)
(in '000 won; Index: Verarbeitende Industrie = 100)

Wirtschaftsbereiche	1970 nominal	Index	1975 nominal	Index	1980 nominal	Index	$\frac{1970}{1980}$
alle Bereiche	18	129	46	121	176	121	9,8
Bergbau	18	129	54	142	203	139	11,3
Verarbeitende Industrie	14	100	38	100	146	100	10,5
Strom, Gas, Wasser	37	264	104	274	283	194	7,7
Baugewerbe	24	171	61	161	257	176	10,7
Handel	20	143	52	137	211	145	7,3
Transport	18	129	45	118	203	139	11,3
Finanzen	37	264	96	253	281	193	7,6
Dienstleistungen	24	171	67	176	275	188	11,5

Umrechnung won in US-$
1970 : 316 won ≙ 1 US-$
1975 : 483 won ≙ 1 US-$
1980 : 600 won ≙ 1 US-$

Quelle:
"Economic Statistics
Yearbook", 1981,
Bank of Korea, S. 235

Die höchsten Löhne werden nach offiziellen Angaben in den Bereichen
der Infrastruktur (Strom, Gas und Wasser) und des Finanzwesens
gezahlt. Im Verhältnis zu den Löhnen der verarbeitenden Industrie
betrugen die Löhne in diesen Sektoren 1970 das 2,6fache und im
Jahre 1980 nur noch das 1,9fache.

Die niedrigsten Löhne sind in den 'produktiven' Wirtschaftsbereichen
zu finden: im Bergbau, in der verarbeitenden Industrie und im Bereich
Transport. Mit Abstand zu den anderen Sektoren herrscht in der
verarbeitenden Industrie das niedrigste Lohnniveau. Und wie wir bereits
wissen, wird gerade in dem verarbeitenden Gewerbe am längsten
gearbeitet.

Insgesamt haben sich die Lohnunterschiede zwischen den Wirtschaftsbereichen leicht verringert: beträgt der Index für 1970 für alle Industriebereiche 129 (verarbeitende Industrie = 100), so ist er im Jahre 1975 und im Jahre 1980 jeweils auf 121 gefallen. Das gleiche Resultat läßt sich aus der Betrachtung der absoluten Lohnzuwächse von 1970 bis 1980 (rechte Spalte der Tabelle 11) gewinnen: verzehnfacht bzw. verelffacht sich der Lohn nominal in den Wirtschaftsbereichen, in denen das allgemeine Lohnniveau niedrig ist, so hat sich die Lohnsumme in den Wirtschaftsbereichen mit relativ hohem Lohnniveau nur um das Sechs- bzw. Siebenfache vermehrt.

Allgemein kann festgehalten werden, daß das niedrigste Lohnniveau in der verarbeitenden Industrie herrscht. Allerdings haben sich die Relationen in den Lohnhöhen zu den anderen Bereichen reduziert. An der Spitze der gezahlten Lohnsummen stehen die Lohnarbeiter mit hohen Qualifikationen, wie sie im Finanz- und Infrastruktursektor vorherrschen. Das allgemeine Lohnniveau erreicht aber 1980 nicht mehr das Zweifache der verarbeitenden Industrie.

3.3. Lohnunterschiede nach Berufsgruppen

Zum Unterschied zu den Lohnentwicklungen nach Wirtschaftsbereichen läßt sich bei der Einteilung der Lohnarbeiter des Kapitals nach Berufsgruppen eine Auseinanderentwicklung bezüglich der Löhne nachweisen.

Facharbeiter und hohe Verwaltungsangestellte (Special, Technique, Manager - Spalte 1 und 2 der Tabelle 12 (siehe S. 61)) erzielen 1971 das Zwei- bzw. Dreifache des Einkommens der Arbeiter in der Produktion. Die Lohnentwicklung bis 1980 bevorteilt die ersteren, sodaß sie 1980 das 2,5- bzw. das 4,3fache im Verhältnis zu den letzteren verdienen.

Mit der nachgewiesenen Auseinanderentwicklung der qualifizierten und der unqualifizierten Lohnarbeiter in deren Einkommenszuwächsen bestätigt sich die Arbeitsmarktthese, nach der es den qualifizierten Arbeitskräften eher möglich ist, höhere Löhne zu fordern, da die Nachfrage nach ihnen das Angebot überschreitet.

Tabelle 12: Nominallöhne nach Berufsgruppen (1971, 1975, 1979)
(in '000 won; Index: Produktionsarbeiter = 100)

Berufsgruppen	1971 nominal	Index	1975 nominal	Index	1979 nominal	Index	1971/1979
Special, Technique	40	222	92	263	286	258	7,2
Management	61	339	159	454	486	438	8,0
Business	34	189	75	214	196	177	5,8
Sale	20	111	43	123	120	108	6,0
Services	16	89	36	103	108	97	6,8
Production	18	100	35	100	111	100	6,2
insgesamt	22	122	47	134	146	132	6,6

Quelle:
"Major Statistics of
Health and Social Affairs",
5/1981, Ministry of Health
and Social Affairs, RoK,
S. 90 und
eigene Berechnung (Index)

Wenden wir uns dem bedeutendsten Sektor der Wirtschaft Koreas zu. Die Lohnarbeiter der verarbeitenden Industrie erhalten im Vergleich zu denen des Waren- und Geldhandlungskapitals die niedrigsten Löhne, obwohl gerade sie es sind, die die Werte erarbeiten und den Erfolg der Exportwirtschaft herbeigeführt haben. Bevor wir die Unterschiede in den Löhnen der einzelnen Industriezweige aufzeigen, sollen die Lohnsteigerungen in den 70er Jahren mit den Produktivitätsverbesserungen verglichen werden.

3.4. Lohn- und Produktivitätssteigerungen in der verarbeitenden Industrie im Vergleich

Tabelle 13: Reallohnentwicklung, Produktivitätssteigerung und Wachstumsraten der verarbeitenden Industrie in den Jahren 1970 bis 1980

Jahr	Reallohnsteigerung (a) (1)	Produktivitätssteigerung (b) (2)	Differenz aus a und b	Wachstumsrate der verarbeitenden Industrie (3)
1970				19,9
1971	2,4	9,7	- 7,3	18,8
1972	2,0	8,7	- 6,7	14,0
1973	14,3	8,8	5,5	29,2
1974	8,8	11,4	- 2,6	15,8
1975	1,4	11,6	-10,2	12,6
1976	16,8	7,5	9,3	22,6
1977	21,5	10,4	11,1	14,4
1978	17,4	12,0	5,4	20,7
1979	8,7	15,8	- 7,1	9,8
1980	-4,7	10,7	-15,4	- 1,2
1971-1975	5,8	10,0	- 4,2	18,1
1976-1980	11,9	11,3	0,6	13,3
1971-1980	8,8	10,7	- 1,9	16,0

Quelle:
(1) Labour Statistics
(2) Korean Productivity Center
(3) The Bank of Korea aus:
"Major Statistics of Korean Economy", 1981, EPB, RoK, S. 4 u. 98ff.

In den 70er Jahren betrug die Reallohnsteigerung in der verarbeitenden Industrie pro Jahr durchschnittlich 8,8%. Die Produktivitätssteigerungsrate für den gleichen Zeitabschnitt erreichte durchschnittlich jedoch 10,7%. Die Reallöhne blieben demnach pro Jahr um 1,9% hinter den Steigerungsraten der Produktivität zurück.

Anfang der 70er Jahre (1971 - 1975) liegt die Differenz zwischen den Reallohnsteigerungen und den Zunahmen der Produktivität bei 4,2%. Erst ab 1976 nähern sich beide Größen an. Ihre Differenz beläuft sich für die Jahre 1976 bis 1980 auf durchschnittlich 0,6% pro Jahr.

Die größte Auseinanderentwicklung der Reallohn- und der Produktivitätszunahmen ist für das Jahr 1980 festzustellen: Sind die Reallöhne um 4,7% im Vergleich zum Vorjahr zurückgegangen, so stieg die Produktivität jedoch um 10,7%. Die Differenz der beiden Größen beträgt 15,4 Prozentpunkte.

Die Wachstumsraten der verarbeitenden Industrie sind für die Jahre 1971 bis 1980 mit 16% angegeben. Dieses sehr starke Wachstum wirft ein Bild auf die enorme Geschwindigkeit der Industrialisierung Südkoreas. Allerdings ist die wirtschaftliche Entwicklung 1980 gestört. Zum erstenmal in der Industrialisierungsphase ist das Wachstum der verarbeitenden Industrie negativ. Die Negativrate beträgt 1,2%. Die gleichzeitige Zunahme der Produktivität bei einem Reallohnabbau lassen erkennen, daß die Krise wie auch schon 1974/75 durch verstärkte Ausbeutung der Lohnarbeiter überwunden werden soll. Hierzu kommt die Tatsache, daß die Arbeitszeiten in der verarbeitenden Industrie 1980 wieder angestiegen sind (vgl. Tabelle 3, S. 14).

Die Reallöhne blieben also hinter dem Produktivitätszuwachs zurück. Für 1980 ist die größte Differenz festzustellen. Das Wachstum in der verarbeitenden Industrie liegt weit über den Reallohnsteigerungen.

3.5. Die Löhne in der verarbeitenden Industrie nach Industriezweigen (1970, 1975, 1980)

Tabelle 14: Nominallöhne in der verarbeitenden Industrie (1970, 1975, 1980)
(in '000 won; Index: Textil/Bekleidung = 100)

Industriezweig	1970 nominal	Index	1975 nominal	Index	1980 nominal	Index	Lohn 1980 / Lohn 1970
Nahrungsmittel	16	145	42	135	177	157	11,1
Textil/Bekleidung	11	100	31	100	113	100	10,3
Holz	14	127	38	123	142	127	10,1
Papier/Druck	18	164	47	152	185	164	10,3
Chemie, Kohle, Gummi	17	154	47	152	175	155	10,3
Steine und Erden	15	136	44	142	174	154	11,6
Eisen und Metallerz.	20	181	52	168	200	177	10,0
Metallverarbeitung, Maschinen- und Fahrzeugbau, elektr. Industrie	15	136	40	129	154	136	10,3
andere Industrien	10	91	29	94	113	100	11,3
insgesamt	14	127	38	123	146	129	10,4

Quelle:
siehe Tabelle 11 und
eigene Berechnungen (Index)

Die Durchschnittslöhne der Industriezweige der verarbeitenden Industrie sind im Verhältnis zueinander über den betrachteten Zeitraum relativ gleich geblieben. 1970 und 1980 sind die Industriebranchen mit den höchsten Durchschnittslöhnen die Eisen- und Metallerzeugung und die Papierherstellung (einschließlich dem Druckgewerbe). Die niedrigsten Löhne wurden in der Textil- und Bekleidungsindustrie und in den Industrien ohne nähere Klassifikation gezahlt. Der Abstand der Branchen mit den Spitzenlöhnen zu denen mit den Niedrigstlöhnen ist relativ gleich geblieben: 1970 betrug der Durchschnittslohn der Eisen- und Metallerzeugung das 1,8fache der Textil- und Bekleidungsindustrie, 1980 beläuft sich der Unterschied zwischen diesen Branchen auf das 1,77fache.

In der Eisen- und Metallerzeugung sind 93% der Beschäftigten Männer, während in der Textil- und Bekleidungsindustrie nur 30% männlich sind. In dem Kapitel über das koreanische Lohnsystem wurde bereits die niedrigere Entlohnung der Frauen angesprochen. Die Lohnunterschiede zwischen den Geschlechtern scheinen absolut höher zu sein als in westlichen Industrieländern.

Ein weiteres Resultat kann aus der Position der Textil- und Bekleidungsindustrie am Ende der Lohnskala bezüglich der marginalen Einflußmöglichkeiten der Gewerkschaften auf die Löhne abgeleitet werden. Von den 382.000 Beschäftigten in der Textilbranche sind 168.000 gewerkschaftlich organisiert (Organisationsgrad von 44%). In keiner anderen Industriebranche ist die Mitgliedschaft in einer Gewerkschaft so hoch und trotzdem werden die niedrigsten Löhne in der Textilindustrie gezahlt.

Wie schlecht die Näherinnen in Südkorea 1975 bezahlt wurden, kann aus der Tabelle 15 abgelesen werden.

Tabelle 15: Durchschnittliche Arbeitszeiten und Löhne in der Textil/Bekleidungs-
Industrie ausgewählter Länder (1975)

	Wochenarbeitsstunden	Stundenlöhne in DM	Index (Südkorea = 1,00)
BRD	39,7	8,21	10,66
Japan	39,8	5,47	7,10
USA	39,2	8,37	10,87
Griechenland	43,6	2,75	3,57
Malta	41,1	1,36	1,77
Hong Kong	48,0	1,40	1,82
Südkorea	51,1	0,77	1,00

Quelle:
"Die neue internationale
Arbeitsteilung",
Fröbel/Heinrichs/Kreye,
Hamburg 1977, S. 256

Die Stundenlöhne lagen 1975 bei 0,77 DM. In der Bundesrepublik
Deutschland betrug der Lohn pro Stunde 8,21 DM; das entspricht
mehr als dem Zehnfachen. Selbst in Hong Kong, das zu den Niedrig-
lohnländern zählt, wurde den Näherinnen das Doppelte als in Südkorea
gezahlt.

Wird dazu die Wochenarbeitszeit in Rechnung gestellt, ist die Entlohnung
für koreanische Arbeiterinnen noch miserabler: Im Vergleich zu den
Arbeiter/innen in der Bundesrepublik Deutschland arbeiten die Koreaner/
innen in der Textilbranche wöchentlich 11 Stunden länger. Würden
die Normallöhne, d.h. die Löhne ohne die Überstundenbezahlung ins
Verhältnis zueinander gesetzt, könnten für Südkorea noch schlechtere
Ergebnisse aufgezeigt werden.

Aber nicht nur die Löhne in der Textilbranche sind im Ländervergleich
in Südkorea sehr niedrig. In der Eisen- und Metallerzeugung, für
die die höchsten Löhne ausgewiesen sind und in der hauptsächlich
Männer beschäftigt sind, herrscht ebenfalls ein sehr niedriges Lohnniveau: Im Jahre 1970 belief sich der durchschnittliche Stundenlohn
auf 0,27 US-$. Bis 1980 ist zwar eine Verfünffachung des Lohnes
in US-$ festzustellen, aber das Lohnniveau ist immer noch niedrig.
Der Stundenlohn beträgt 1980 bei einer Wochenarbeitszeit von 54,7
Stunden nur 1,40 US-$ (vgl. Tabelle 16).

Tabelle 16: Durchschnittliche Stundenlöhne in ausgewählten Industriezweigen in Südkorea (in US-$)

Industriezweig	1970	1975	1980
Textil/Bekleidung	0,15	0,29	0,80
Eisen und Metallerzeugung	0,27	0,50	1,40

Quelle:
eigene Berechnung:

Stundenlohn in won = $\frac{\text{Gesamtlohn pro Monat (s. Tab. 14)}}{\text{geleistete Arbeitsstunden pro Monat (s. Tab. 4)}}$

Umrechnung in US-$ nach Tab. 11

3.6. Lohnunterschiede zwischen Männern und Frauen

Tabelle 17: Löhne der Lohnarbeiter des Kapitals nach deren Schulbildung und deren Geschlecht (1980) (Index: Middle School u.w. = 100)

		Middle School und weniger	High School	Junior College	College und University	insgesamt
Männer	ø-Lohn in '000 won	149	180	242	348	192
	Index	100	121	162	236	129
	ø-Alter	32,1	31,0	37,9	36,0	32,4
Frauen	ø-Lohn in '000 won	76	99	157	211	85
	Index	100	130	207	270	112
	ø-Alter	23,3	23,1	25,7	29,1	23,3
Anteil des Frauenlohnes am Männerlohn (in %)		51	55	65	61	44
insges.	ø-Lohn in '000 won	113	155	226	338	150
	Index	100	137	200	300	133
	ø-Alter	27,7	28,5	32,4	35,5	28,8

Quelle:
"Yearbook of Labour Statistics",
1981, Ministry of Labour, S. 218ff.

Der Durchschnittslohn der männlichen Lohnarbeiter lag 1980 bei 192.000 won (ca. 320 US-$). Der monatliche Lohn der Frauen erreichte nur 85.000 won (ca. 142 US-$), was gerade 44% des Männerlohnes entspricht. **Der Unterschied zwischen Männer- und Frauenlöhnen ist in Südkorea sehr kraß.** (52)

Schauen wir näher in die Tabelle 17, um die Lohndifferenzen zwischen den Geschlechtern mit dem unterschiedlichen Schulbildungsniveau und dem unterschiedlichen Alter der Männer und der Frauen in Verbindung zu bringen. Die Männer sind durchschnittlich neun Jahre älter als die Frauen. Ebenso verfügen die ersteren allgemein über eine höhere Schulbildung. (53) Die Höhe der Schulbildung und des Alters spielen in der koreanischen Gesellschaft und in dem koreanischen Lohnsystem (vgl. meine Ausführungen auf S. 54f.) eine wesentliche Rolle.

Trotzdem ist es offensichtlich, daß die Frauen auch bei gleicher schulischer Qualifikation einen viel niedrigeren Lohn als die Männer erhalten. So erreicht der Frauenlohn der Absolventen der High School nur 55% des Männerlohnes. Selbst die Frauen mit Hochschulabschluß erhalten nur 61% des Verdienstes der männlichen Kollegen mit gleichem Bildungsniveau.

Die Diskriminierung der Frauen in der koreanischen Gesellschaft findet demnach auch in der Entlohnung ihren Ausdruck. Ilse Lenz schreibt dazu:

> "Sie (die Arbeiterinnen; Anm. d. Verf.) erhalten die Hälfte eines Männerlohnes u.a. mit dem Argument, daß sie ja nicht die 'Brotverdiener' seien; d.h. auch ihre bezahlte Arbeit ist weniger wert, weil sie eigentlich für unbezahlte Hausarbeit da sind und der Mann der wirkliche Ernährer der Familie ist. Einige Berichte von Arbeiterinnen zeigen, daß dieses Bild der intakten Kernfamilie in der Realität keineswegs zutrifft, sondern sie auch für Eltern oder Geschwister sorgen müssen ... ." (54)

Auch Dieter Bielenstein hebt die Benachteiligung der Frauen gegenüber den Männern hervor und stellt diese in Beziehung mit dem fernöstlichen Gedankengut.

Er schreibt:

"Die fernöstliche traditionelle Vorstellung von der völligen Isolierung der Frau im Haushalt wird angesichts des sich wandelnden Arbeitsmarktes, bei steigender Beschäftigung von Frauen, zur Ideologie und verbindet sich zudem noch mit dem neueren Partikularinteresse der ständig beschäftigten Arbeiter, ihre Vorrechte gegenüber den Arbeiterinnen auf Zeit zu schützen." (55)

Zu der niedrigen Entlohnung der Frauenarbeit kommt noch die Tatsache hinzu, daß die Frauen die schlechteren Arbeitsbedingungen haben. Die Frauen in der direkten Produktion müssen z.B. länger arbeiten als die Männer (vgl. meine Ausführung auf S. 19f.).

Schaubild 2: Workers by Sex and Wagegroups
(Manufacturing, 1980)

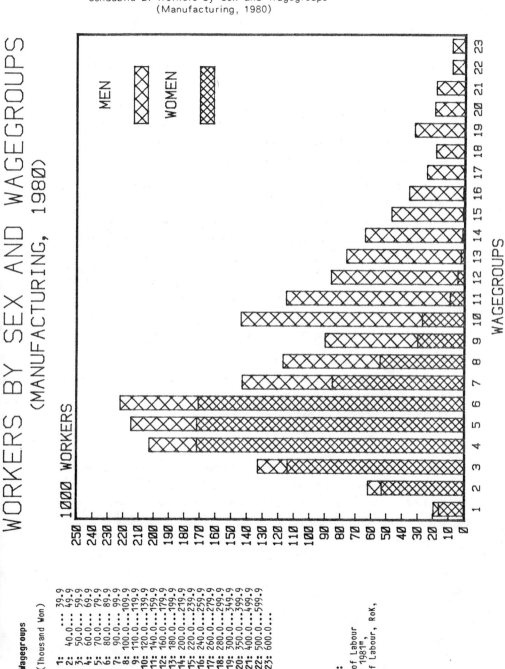

3.7. Zusammenfassung

Folgende Resultate lassen sich aus der Untersuchung der Lohnentwicklung gewinnen:

1. Reallohnsteigerungen in der Zeit 1970 - 1980 lassen sich für alle Lohnarbeiter nachweisen. Allerdings blieben die realen Lohnzuwächse hinter den Wachstumsraten des BSP und hinter den Produktivitätssteigerungen zurück. 1980 wurden die Reallöhne abgebaut.

2. Die Homogenität des Lohnniveaus zwischen den Wirtschaftsbereichen und den Industriezweigen des verarbeitenden Gewerbes hat sich in dem betrachteten Zeitraum weiter erhöht. Die relative Gleichheit der interindustriellen Lohnunterschiede deuten auf eine relativ ausgeglichene Exploitationsrate hin.

3. Entsprechend der Knappheit an Facharbeitern auf dem südkoreanischen Arbeitsmarkt konnten die Lohnarbeiter mit hohen Qualifikationen ihre materielle Situation überdurchschnittlich verbessern. Eine Privilegierung der qualifizierten Arbeiterschaft des Kapitals ist festzuhalten.

4. Das Verhältnis des Lohnes der Frauen zu den Männerlöhnen ist in Südkorea sehr kraß: Die Frauen erreichen nicht einmal die Hälfte des durchschnittlichen Männerlohnes. Selbst bei gleicher schulischer Qualifikation ist die Entlohnung der Frauen deutlich schlechter. Das Lohnsystem in Südkorea macht sich die im Konfuzianismus begründete Diskriminierung der Frauen für die Verwertung des Kapitals zunutze und reproduziert in der prinzipiellen niedrigeren Entlohnung der Frauen die überkommenen gesellschaftlichen Werte. In Erwägung des hohen Anteils der Frauen in der Produktionssphäre scheint die Lohndiskriminierung der Frauen in der südkoreanischen Industrialisierung die zentrale Rolle zu spielen.

Anmerkungen

(1) Ostasiatische Länder, zu denen Südkorea als Produktionsstandort in Konkurrenz steht, sind z.B. Hong Kong, Singapur, Taiwan, Philippinen. Mit der Öffnung der VR China für Auslandsinvestitionen (insbesondere für japanisches Kapital) tritt ein riesiges Potential billiger Arbeitskräfte mit Südkorea in den Wettbewerb.

(2) Senghaas, a.a.O., S. 265

(3) Chao L., a.a.O., S. 59

(4) Chao L., a.a.O., S. 74

(5) LSL vom 15.3.1953, a.a.O., Art. 34, Abs. 1

(6) Chao L., a.a.O., S. 55

(7) vgl. Chao L., a.a.O., S. 56

(8) vgl. Nochong (Korea Federation of Labour Unions), Sa-up Bogo (Annual Report on Activities), 1968, S. 96, zit. in: Kim Hwang Joe: "An Analysis of the Interindustry Wage Structure of Mining & Manufacturing Industries in Korea" (Diss.) University of Massachusetts, 1973, S. 168

(9) "Labour Union Law", Law No. 280, 1.3.1953, in: Chao L., a.a.O., S. 182ff.

(10) vgl. Bielenstein, Dieter: "Die Gewerkschaften in Südkorea", in: Leminsky, Gerhard, Otto, Bernd (Hrsg.): "Gewerkschaften und Entwicklungspolitik", Köln 1975, S. 217 und Park Yong Ki: "Trade Union and Labour Movement", in: Park, Shin, Zo (Eds.): "Economic Development and Social Change in Korea", Frankfurt a.M., 1980, S. 391

(11) Im Jahre 1976 sind die 17 Industriegewerkschaften in 511 Branchen und 3.775 Zweiggewerkschaften untergliedert; vgl. Park Y.K., a.a.O., S. 383

(12) vgl. Lenz, a.a.O., S. 141

(13) Bielenstein, a.a.O., S. 219

(14) "Die Zeit", Nr. 34, vom 15.8.1980

(15) vgl. Bielenstein, a.a.O., S. 221

(16) vgl. Bielenstein, a.a.O., S. 219 und "Labour Administration in Korea", Ministry of Labour, RoK, 5/1981, S. 18

(17) "In recent years the number and percent of labor contracts containing closed shop or union shop clauses has been on the rise. In 1973, 2.620 or 73% of all establishments with contracts contained such clauses; by 1976 and 1979 these numbers and percentages increased to 3.301 or 82% and 4.623 or 90%, respectively."
Bognanno, Mario F.: "Collective Bargaining in Korea: Laws, Practices and Recommendations for Reform", Korea Development Institute (KDI), Working Paper 8005, Seoul, 1980, S. 65

(18) vgl. Bognanno, a.a.O., S. 60ff.

(19) Bielenstein, a.a.O., S. 219

(20) Bielenstein, a.a.O., S. 220

(21) vgl. Bielenstein, a.a.O., S. 223

(22) ebd.

(23) vgl. "Repressive New Laws From Constitutional Appendix", in: North American Coalition for Human Rights in Korea/Update, No. 6, April 1981, S. 2

(24) "The Labour-Management Council Law", Law No. 3348, promulgated in December, 31, 1980, in: Ministry of Labour: "Labour Laws of Korea", Labour Policy Bureau, Seoul, RoK, May 1981, S. 5ff.
Die offizielle Begründung für die Verabschiedung des neuen Gesetzes ist enthalten in: "Labour Laws - why and what are changed", Ministry of Labour, RoK, S. 87ff.

(25) "Selections From the State Department Human Rights Report", in: North American Coalition for Human Rights in Korea/Update, No. 6, April 1981, S. 4

(26) Lenz, a.a.O., S. 139

(27) vgl. Lenz, a.a.O., S. 146

(28) Für 1978 sind 102 und für 1979 105 "Work Actions" registriert.
vgl. Bognanno, a.a.O., S. 22

(29) Bognanno, a.a.O., S. 21

(30) "Workers, Students Protest New Restrictions", in:
North American Coalition for Human Rights in Korea/Update, No. 6, April 1981, S. 1

(31) LSL, Art. 46, in: Ministry of Labour: "Labour Laws of Korea", Labour Policy Bureau, Seoul, May 1981

(32) Bognanno, a.a.O., S. 78

(33) vgl. "Yearbook of Labour Statistics", EPB, RoK, 1980, S. 139

(34) Bognanno, a.a.O., S. 76

(35) Kim H.J., a.a.O., S. 167

(36) Nach den Angaben des EPB sind im Jahre 1979 13,6 Mio. Personen in Südkorea erwerbstätig. Den 3,9 Mio. regulär Beschäftigten stehen 2,5 Mio. Tagelöhner und Arbeiter mit Zeitverträgen gegenüber. Der Rest sind Selbständige ("own account workers") und mithelfende Familienangehörige ("family workers"). In den letzten Rubriken verbirgt sich eine hohe Zahl unterbeschäftigter Personen, die im "modernen" Sektor der Ökonomie keine Beschäftigung finden. Die Arbeitslosigkeit in Südkorea beträgt nach dem EPB 1979 5,6%. Allerdings ist es in Südkorea nicht üblich, sich arbeitslos zu melden, da es keine Arbeitslosenunterstützung gibt. Die Arbeitslosigkeit (einschließlich Unterbeschäftigung und versteckter Unterbeschäftigung) wird von informierten Kreisen auf 15 bis 20% geschätzt (eigenes Interview; September 1981).

(37) Kohlheyer, Gunter: "Südkoreas System der Berufsausbildung (Vocational Training)", in: Bundesinstitut für Berufsausbildung (BIBB): "Berufsbildung in Wissenschaft und Praxis", Berlin, Nr. 3, Juni 1980, S. 17

(38) Kim C.S., a.a.O., S. 34

(39) Kim H.J., a.a.O., S. 139

(40) Kim H.J., a.a.O., S. 137

(41) vgl. Kim H.J., a.a.O., S. 130

(42) Kim C.S., a.a.O., S. 34

(43) Kim H.J., a.a.O., S. 138

(44) Kim C.S., a.a.O., S. 33

(45) Die Leistungen des Versicherungssystems und die Sozialpolitik in Südkorea sind u.a. Inhalt des Kapitels 'Kollektiver Konsum' dieser Arbeit.

(46) LSL, Art. 28, Abs. 1, in: Ministry of Labour: "Labour Laws of Korea", Labour Policy Bureau, Seoul, May 1981

(47) Deutsch-Koreanische Industrie- und Handelskammer: "Korea - Basisdaten über die Wirtschaft", Nr. 7, Seoul, RoK, 10.6.1981, S. 18

(48) 10.000 won entsprechen etwa 36 DM (Umrechnungskurs nach: Foreign Exchange: "The Korea Herald" vom 29.8.1981);
College of Industrial Education/GTZ-Project for Training Technical Teachers: "Vocational Qualifications Requirement", Chungnam National University, Daejon, RoK, Field Study 1981/82: Teil CI, S. 61

(49) Kim H.J., a.a.O., S. 146

(50) Kim H.J., a.a.O., S. 149

(51) Die Inflationsrate der Verbraucherpreise gelten für Seoul;
"Major Statistics of Korean Economy", EPB, Seoul, Korea, 1981, S. 174 und S. 180

(52) In Berlin (West) erhielten im April 1980 die in der Industrie (ohne Hoch- und Tiefbau) beschäftigten Frauen als Facharbeiterinnen 74 v.H., als Angelernte 83 v.H. und als Ungelernte 91 v.H. der entsprechenden Männerverdienste.
vgl. Der Senator für Gesundheit, Soziales und Familie: "Bericht über die Situation der Frauen in Berlin", Berlin, 1981, S. 171

(53) vgl. meine Ausführungen auf S. 17 (Tabelle 5)

(54) Lenz, a.a.O., S. 135

(55) Bielenstein, a.a.O., S. 221

III. Konsumtionsstruktur

Im vorigen Kapitel wurden die offiziell angegebenen Reallohnsteigerungen der Lohnarbeiter des Kapitals dargestellt. Wegen der Unsicherheit der in die Berechnung der realen Lohnzuwächse eingehenden Inflationsraten, soll nun die Verbesserung des Einkommens der Haushalte der Lohnarbeiter des Kapitals mit Hilfe der Darstellung der Konsumtionsausgaben und deren Strukturveränderung in den letzten 15 Jahren nachgezeichnet werden.

Die zur Verfügung stehenden Daten über die Einnahmen und die Ausgaben der privaten Haushalte in Südkorea ermöglichen eine getrennte Darstellung verschiedener Haushaltstypen der Lohnarbeiter des Kapitals:
- Haushalte, in denen der Haushaltsvorstand in der Verwaltung bzw. Zirkulationssphäre tätig ist: "**Clerical worker**". In der folgenden Untersuchung wird der Vorstand dieses Haushaltstypes auch als "white collar" und der Haushalt als Angestelltenhaushalt bezeichnet.

- Haushalte, in denen der Vorstand in der Produktion tätig ist:"**Regular labourer**"; hier auch als Stammarbeiterhaushalt bezeichnet.

- Haushalte mit einem Tagelöhner zum Haushaltsvorstand: "**Daily labourer**".

Mit dieser zwar groben, aber hilfreichen Untergliederung soll versucht werden, neben der allgemeinen Verbesserung des Einkommens auch die unterschiedliche Lohnentwicklung zwischen den "white collars" und den "blue collars" aufzunehmen.

Sozioökonomische Veränderungen der Familienstruktur erschweren den direkten Vergleich der Konsumausgaben zu verschiedenen Zeitpunkten: Einmal hat sich die Haushaltsgröße von 1965 bis 1980 merklich reduziert; zum anderen schwankt die Zahl der Dazuverdiener und der Anteil des dazuverdienten Geldes in dem betrachteten Zeitraum (1965 - 1980) erheblich.

1. Reduzierung der Haushaltsgröße

Tabelle 18: Größe der Haushalte der Lohnarbeiter des Kapitals (in Personen)

	1965	1969	1972	1974	1976	1978	1980
Clerical worker	6,1	5,4	5,2	5,2	5,2	4,8	4,7
Regular labourer	5,5	5,3	5,0	5,0	5,0	4,6	4,4
Daily labourer	5,5	5,6	5,6	5,6	5,3	5,0	4,7

Quelle:
Basisdaten für 1965 und 1969 aus:
"Income and Expenditure of All Families by Occupation of Head of Household", in: "Korea Statistical Yearbook", EPB, RoK, 1966 und 1970
Basisdaten für 1972 und ff. Jahre aus: "Annual Report on the Family Income and Expenditure Survey", EPB, RoK, 1972, 1974, 1976, 1978, 1980

Insgesamt ist aus den Angaben aus der Tabelle 18 zu entnehmen, daß sich die Haushalte der Lohnarbeiter des Kapitals von 1965 bis 1980 stark verkleinert haben. Gehören 1965 noch 5,5 Personen zu dem Haushalt eines Produktionsarbeiters und noch 6,1 Personen zu dem Haushalt eines Angestellten, so sind es 1980 nur noch 4,4 bzw. 4,7 Personen. Der überraschend hohe Rückgang in der Anzahl der Personen pro Haushalt in den Jahren 1974 bis 1980 (die Angaben fallen je nach Haushalt von 5,2 auf 4,7, von 5,0 auf 4,4, und von 5,6 auf 4,7 Personen) zeigt die rasche Auflösung der traditionellen Familienstruktur in Südkorea und die Entwicklung in Richtung der Kernfamilie mit zwei bis drei Kindern, wie diese von staatlicher Seite propagiert wird.

2. Schwankungen in der Zahl der erwerbstätigen Familienmitglieder

Der Lohn eines Arbeiters in Südkorea ist häufig so gering, daß die normale Reproduktion der Familie nicht ohne das Dazuverdienen anderer Familienmitglieder möglich ist. Das Gesamteinkommen des Haushaltes setzt sich aus dem Verdienst des Haushaltvorstandes und dem Erwerb anderer Haushaltsangehöriger zusammen. Meistens sind es junge Frauen (Töchter des Vorstandes), die der Erwerbstätigkeit nachgehen. Die typische Situation einer Arbeiterfamilie in Südkorea schildert folgendes Beispiel:

Das Mädchen Chon Young-sook, 13 Jahre alt, arbeitet täglich 10 Stunden und sechs Tage die Woche in einer kleinen Textilfabrik am Friedensmarkt. Sie verdient monatlich 30.000 won (60 US-$). Ihr Vater ist in einer Möbelfirma angestellt und bekommt 80.000 won (160 US-$) im Monat. Chong hat einen älteren Bruder, der auf eine weiterführende Schule geht und noch vier jüngere Geschwister. Es erzählt:

"I am the only child not attending school. But I don't blame my parents for it. We need at least 100.000 won for food. My father alone can never afford it, and someone in my family has to make money, so I took it upon myself for my elder brother has to study to be a man of a family." (1)

Tabelle 19a: Erwerbstätige pro Haushalt der Lohnarbeiter des Kapitals (in Personen)

	1965	1969	1972	1974	1976	1978	1980
Clerical worker	1,20	1,29	1,26	1,25	1,22	1,22	1,23
Regular labourer	1,30	1,31	1,32	1,40	1,44	1,27	1,28
Daily labourer	1,30	1,34	1,43	1,61	1,55	1,38	1,39

Tabelle 19b: Einkommen des Haushaltsvorstandes (A) und Gesamteinkommen des Haushaltes (B) (Einkommen pro Monat in '000 won)

		1965	1969	1972	1974	1976	1978	1980
Clerical worker	A	10,5	25,2	40,3	50	109	192	283
	B	12,5	32,2	50,5	60	123	208	351
Regular labourer	A	5,9	16,7	26,1	33	55	101	177
	B	7,2	20,1	31,1	40	68	120	218
Daily labourer	A	4,2	12,7	22,2	26	42	70	126
	B	5,1	15,5	25,8	34	54	90	169

Tabelle 19c: Anteil des Einkommens des Haushaltsvorstandes an dem Gesamteinkommen des Haushaltes (in %)

	1965	1969	1972	1974	1976	1978	1980
Clerical worker	84	78	80	83	89	92	81
Regular labourer	82	83	84	83	81	84	81
Daily labourer	82	82	86	76	78	78	75

Quelle:
siehe Tabelle 18

In der Tabelle 19a sind die erwerbstätigen Personen pro Haushalt
dargestellt. Im direkten Vergleich der Anzahl der Erwerbstätigen pro
Haushalt der Jahre 1965 und 1980 zeigt sich, daß sowohl in den Haushalten der Angestellten (clerical workers) als auch in denen der Tagelöhner im Jahr 1980 mehr Personen erwerbstätig gewesen sind als
im Jahr 1965. Waren es 1965 noch 1,20 Personen in den ersteren
Haushalten, so erhöht sich die Anzahl 1980 auf 1,23. Für die Tagelöhner
ist die Zunahme noch höher ausgefallen: 1965 arbeiten 1,30 Personen,
während es 1980 1,39 Personen sind. Dieser Umstand ist noch krasser,
wenn die obige Darstellung der reduzierten Größe der Haushalte mitgedacht wird. Das Dazuverdienen ist also auch in den 70er Jahren eine
dringende Notwendigkeit für die häusliche Reproduktion.

Das gleiche Resultat läßt sich aus der Betrachtung der Tabelle 19c
gewinnen. Hier sind die Einkünfte des Haushaltsvorstandes in Prozent
an dem Gesamteinkommen der Haushalte ausgedrückt. Am Beispiel
des Tagelöhners wird deutlich, daß die zunehmende Erwerbstätigkeit
im Jahre 1974 im Vergleich zu 1965 (die Erwerbsquote klettert von
1,3 Personen auf 1,61 Personen bei gleichbleibender Haushaltsgröße)
sich auch in einer Verringerung des Anteils am Einkommen des Haushaltsvorstandes am Gesamteinkommen des Haushaltes niederschlägt.
Sind 1972 noch 86% der Einkünfte aus der Arbeit des Haushaltsvorstandes gekommen, so hat sich dieser Anteil im Jahre 1974 auf 76%
reduziert. D.h. auch, daß die Häufigkeit der Dazuverdiener sich nach
dem Einkommen des Hauptverdieners richtet.

Die Abhängigkeit der vermehrten Erwerbstätigkeit der Familienmitglieder von der ökonomischen Lage läßt sich beispielhaft in der wirtschaftlichen Krise Südkoreas in dem Zeitraum 1974 - 1976 belegen.
Für die Haushalte der Arbeiter mit regelmäßiger Beschäftigung und
für die Haushalte der Tagelöhner steigt 1974 (und 1976) die Anzahl
der erwerbstätigen Personen auf 1,40 (1,44) bzw. 1,61 (1,55) von 1,32
bzw. 1,43 im Jahre 1972. 1978 fallen die Angaben der Erwerbstätigkeit
wieder auf 1,27 bzw. 1,38 zurück. Hier wird auch der Unterschied
der Arbeiter der Produktionssphäre zu den Angestellten in der Zirkulation/Verwaltung deutlich. Die Erwerbsquote der Angestelltenhaushalte
ist über den betrachteten Zeitraum nur geringen Schwankungen ausgesetzt

ausgesetzt und liegt insgesamt mit Abstand niedriger als in den anderen
Haushalten. Es sind zwischen 1,20 und 1,29 Personen erwerbstätig.
1974 steigt die Erwerbsquote nicht an, sondern sie geht im Vergleich
zu 1972 etwas zurück (von 1,26 auf 1,25).

Der Reallohnabbau von durchschnittlich 4,1% für die Lohnarbeiter
des Kapitals im Jahre 1980 scheint sich ebenso auf die Anzahl der
mitarbeitenden Familienmitglieder auszuwirken wie dies für 1974 festzustellen
gewesen ist. Für alle Haushalte ist ein geringer Anstieg der
Erwerbsquote nachzuweisen. Weitaus deutlicher zeigt der Vergleich
des Anteils des Verdienstes des Haushaltsvorstandes am Gesamteinkommen
die verschlechterte ökonomische Lage: Betrug der Anteil
1978 92%, so fällt er auf 81% zurück (Angestelltenhaushalt). Für den
Stammarbeiterhaushalt fällt er von 84% auf 81% und für den Haushalt
des Tagelöhners von 78% auf 75%.

Zusammenfassend kann gesagt werden, daß die Einkommensverluste
zu Krisenzeiten eine verstärkte Aufnahme der Lohnarbeit der Familienmitglieder
hervorrufen, um die häusliche Reproduktion gewährleisten
zu können.

3. Reduzierung der Ausgaben für Nahrungsmittel ("Engelsche Gesetz")

Eine Erfahrungstatsache ist, daß der Anteil der Ausgaben für Nahrungsmittel
an den gesamten Konsumausgaben eines Haushaltes mit steigendem
Einkommen sinkt. Diese Regelmäßigkeit wird das "Engelsche Gesetz"
genannt. (2)

Tabelle 20: Anteil der Nahrungsmittelausgaben an den konsumtiven Gesamtausgaben
nach Haushaltstypen der Lohnarbeiter des Kapitals (in %)

	1965	1969	1972	1974	1976	1978	1980
Salary and wage earners[1]	57,6 (64,0)[2]	40,9 (46,7)	41,3 (47,9)	44,2 (50,5)	43,0 (47,6)	39,9 (45,5)	36,1 (43,0)
Clerical workers	52,0	37,0	37,4	42,0	40,0	36,7	32,1
Regular labourers	60,4	45,5	44,5	46,0	45,6	42,1	38,2
Daily labourers	68,1	49,0	49,8	51,3	52,0	45,8	41,5

Anmerkungen:
Quelle: siehe Tabelle 18

[1] Incl. Staatsbeschäftigte

[2] Die Prozentzahlen in Klammern sind berechnet aus Daten der offiziellen Statistik
unter Vernachlässigung der fiktiven Einnahmen der Kategorie "imputed rent of
owner-occupied housing". Dieser fiktive Betrag ist ebenso in der Ausgabenseite
nicht berücksichtigt.

Bei Betrachtung der Tabelle 20 fällt auf den ersten Blick auf, daß
die Ausgaben für Nahrungsmittel eines durchschnittlichen Lohn- und
Gehaltsempfängerhaushaltes von 1965 bis 1980 spürbar abgenommen
haben. Der Anteil für Essen und Trinken betrug 1965 noch 57,5%,
während er 1980 nur noch bei 36,1% liegt. (3)
Doch die Abnahme der Nahrungsmittelausgaben hat sich über die betrachteten 15 Jahre keineswegs kontinuierlich vollzogen. Die größte Veränderung
in der Ausgabenstruktur ist bereits im Jahre 1969 eingetreten: Der
Anteil der Ausgaben für die Ernährung liegt in diesem Jahr schon
bei 40,9%. Danach ist allerdings ein erneuter Anstieg festzustellen.
1974 und 1975 klettern die Ausgaben für die Nahrungsmittel auf 44,2%
der Gesamtausgaben. Es scheint, daß die verschlechterte wirtschaftliche
Lage in dieser Zeit und der enorme Anstieg der Verbraucherpreise
sich sehr deutlich in der Ausgabenstruktur der Haushalte widerspiegeln.
Die konjunkturellen Einbrüche in den Jahren 1974 - 1975 verschlechterten
demnach die ökonomische Lage der privaten Haushalte spürbar. Diese
Tatsache gewinnt noch an Bedeutung, wenn sich an die vorangegangene
Darstellung der Anzahl der mithelfenden Familienangehörigen, die
gerade in dieser Zeit zunehmen, erinnert wird.

Der Anstieg der Aufwendungen für Nahrungsmittel als auch der Erwerbstätigen pro Haushalt (vgl. Tabelle 21a) Mitte der 70er Jahre läßt
Zweifel an den offiziell angegebenen realen Lohnzuwächsen in dieser
Zeit aufkommen. Nach dem "Office of Labour" betrugen die Reallohnsteigerungen 1974 6,1% und 1975 noch 3,3% (vgl. Tabelle 10). Es scheint,
daß die Lohnarbeiter anstatt ihre materielle Situation zu verbessern,
einen Reallohnabbau hinnehmen mußten. (4)

Der Rückgang der Nahrungsmittelausgaben nach 1976 ist nicht ohne
die Reduzierung der Haushaltsgrößen zu sehen. Betrugen die Ausgaben
1976 noch 43%, so sind sie im Jahre 1980 auf 36,1% gefallen, während
die Haushalte 1976 noch 5 Personen und 1980 noch 4,5 Personen umfassen.

Schauen wir uns die Ausgabenstruktur der Lohnarbeiter des Kapitals
nach den Haushaltstypen an: Bei der Betrachtung der Höhe der
Nahrungsmittelausgaben an den gesamten Konsumtionsausgaben springt
für das Jahr 1965 die stark unterschiedliche Ausgabenstruktur ins

Auge: Während die Angestelltenhaushalte 52% für die Ernährung ausgeben, müssen die Arbeiterhaushalte 60,4% und die Tagelöhnerhaushalte 68,1% dafür bestreiten. Der Abstand tritt in dieser Deutlichkeit in keinem folgenden Jahr wieder auf. Bereits 1969 hat sich die Ausgabenstruktur merklich angenähert. Am ähnlichsten ist die Ausgabenstruktur 1974. Die Angestelltenhaushalte geben 42%, die Arbeiterhaushalte 46% und die Tagelöhnerhaushalte 51,3% für Nahrungsmittel aus. Erinnern wir uns an den Anstieg der Dazuverdiener in den Arbeiterhaushalten und den Rückgang derselben in den Angestelltenhaushalten (1974 zu 1972) kann gesagt werden, daß die hohe Inflation 1974 von den Angestelltenhaushalten besser verkraftet werden konnte als das für die Arbeiter- und Tagelöhnerhaushalte der Fall war. Allerdings mußte auch der erste Haushaltstyp mehr für die Ernährung ausgeben als in den Jahren zuvor. Ab 1976 vergrößerte sich der Abstand in den prozentigen Ausgaben für Nahrungsmittel wieder zwischen den Angestellten- und den anderen Haushalten: Unterschied sich der erstere Haushaltstyp 1974 bezogen auf die Ausgaben der Arbeiterhaushalte um 4% (42% zu 46%), so sind es im Jahr 1980 wie auch schon 1969 über 6% (32,1% zu 38,2%).

Insbesondere die Tagelöhnerhaushalte konnten ihre Ausgaben für Nahrungsmittel nach den Krisenjahren stark reduzieren: Lag der Anteil 1976 noch bei 52%, so ging er bis 1980 auf 41,5% zurück. Dieser Rückgang um 11,5 Prozentpunkte ist deutlich höher als in den anderen Haushalten: Für die Angestelltenhaushalte fiel der Wert von 40% auf 32,1% (7,9 Prozentpunkte) und für den Stammarbeiterhaushalt um 7,4 Prozentpunkte (von 45,6% auf 38,2%).

4. Ausgaben für Nahrungsmittel nach Hauptgruppen

In den Dritte-Welt-Ländern ist oft weniger die Nahrungsmittelversorgung mit Kalorien mangelhaft. Vielmehr fehlt es der Bevölkerung an lebenswichtigen Proteinen (z.B. tierischen Eiweißen) und Vitaminen. Der Bedeutung einer ausgewogenen Ernährung soll deshalb hier Rechnung getragen werden. Es fragt sich, ob sich die Haushalte in Südkorea eine qualitativ bessere Ernährung leisten konnten. In welcher Weise läßt sich eine Diversifizierung der direkt konsumierten Nahrungsmittel für den Berichtszeitraum nachweisen?

Tabelle 21: Ausgaben für ausgewählte Hauptgruppen der Nahrungsmittel nach Haushaltstypen in % (alle Ausgaben für Ernährung = 100)

		1965	1972	1974	1976	1978	1980
Clerical worker	Getreide	51	41	40	41	31	29
	Gemüse	16	10	12	10	12	12
	Fleisch & Fisch	16	19	16	17	19	19
	sonstige Nahrungsm.	17	30	32	32	38	40
	total	100	100	100	100	100	100
Regular labourer	Getreide	66	55	49	51	39	37
	Gemüse	12	10	12	10	12	13
	Fleisch & Fisch	10	13	12	12	16	16
	sonstige Nahrungsm.	12	22	27	27	33	34
	total	100	100	100	100	100	100
Daily labourer	Getreide	76	62	56	56	48	43
	Gemüse	9	9	11	11	11	13
	Fleisch & Fisch	6	10	10	10	13	13
	sonstige Nahrungsm.	8	19	23	23	28	31
	total	100	100	100	100	100	100

Quelle:
siehe Tabelle 18

Im Jahre 1965 gaben die Tagelöhnerhaushalte noch 76% der Gesamtausgaben für Nahrungsmittel für Getreide aus; dieser Anteil fiel für die anderen Haushalte nicht so hoch aus, erreichte aber immerhin noch 66% für die Stammarbeiterhaushalte und 51% für die Angestelltenhaushalte.

Bereits 1972 konnte sich eine Veränderung in der Zusammensetzung der konsumierten Nahrungsmittel zugunsten von Gemüse, Fleisch und Fisch und anderen Produkten durchsetzen: Der Anteil der Ausgaben für Getreide fiel um 10 Prozentpunkte für die Angestellten- und für die Stammarbeiterhaushalte. Die Tagelöhnerhaushalte konnten die Getreideausgaben sogar um 14 Prozentpunkte reduzieren (1965: 76%, 1972: 62%).

Für die Jahre 1974 und 1975, in den Jahren der wirtschaftlichen Rezession und hohen Inflationsraten, wirkte sich der enorme Kaufkraftverlust der Haushalte dergestalt aus, daß die Ausgaben für Getreide im

Verhältnis zu den anderen Ausgaben für Nahrungsmittel anstiegen: so kletterten die Ausgaben für Getreide z.B. 1976 auf 51%, während sie 1974 noch 49% betrugen (Stammarbeiterhaushalt).

Ab 1976 fallen die Getreideausgaben wieder stark ab. Mußten die Angestelltenhaushalte 1976 noch 41% für Getreide ausgeben, so belief sich der Anteil 1980 nur noch auf 28%. Ebenso stark (um 13 Prozentpunkte) fiel der Anteil der Getreideausgaben an den Gesamtausgaben für Nahrungsmittel für die Tagelöhnerhaushalte (von 56% 1976 auf 43% 1980). Die Reduzierung fällt für die Stammarbeiterhaushalte noch stärker aus. Von 1976 bis 1980 fallen die Getreideausgaben um 14 Prozentpunkte (1976: 51%, 1980: 37%).

Umgekehrt steigen für alle Haushalte die Ausgaben für Fleisch und Fisch und für sonstige Konsumgüter der Ernährung. Die Ausgaben für Gemüse verhalten sich je nach den Haushaltstypen unterschiedlich. Für den Angestelltenhaushalt reduzieren sich die Ausgaben für Gemüse (1965: 9%, 1980: 12%), während ein Anstieg dieser Größe für die Tagelöhnerhaushalte zu verzeichnen ist (1965: 9%, 1980: 13%). Die Stammarbeiterhaushalte halten den Anteil der Ausgaben für Gemüse in dem betrachteten Zeitraum relativ konstant (1965: 12%, 1980: 13%).

Die mit Abstand deutlichste Diversifizierung der konsumierten Nahrungsmittel läßt sich nach den genannten Angaben also für die Angestelltenhaushalte nachweisen. So betragen die Ausgaben für die Hauptnahrungsmittel Getreide, Gemüse, Fleisch und Fisch 1980 nur noch 60%, während 1965 dieser Anteil immerhin 83% ausmachte. Weiterhin sind die Getreideausgaben zugunsten der Ausgaben für Fleisch und Fisch deutlich reduziert worden.

Für die Stammarbeiter- und Tagelöhnerhaushalte ist die Diversifizierung auch beachtenswert: So fiel in den Haushalten der Stammarbeiter der Anteil der Ausgaben für die Hauptnahrungsmittel von 88% 1965 auf 66% 1980. Allerdings liegt der Anteil der Getreideausgaben noch bei 37% und der Anteil der Ausgaben für Fleisch und Fisch nur bei 16% (1980). Ähnlich haben sich die Ausgaben der Tagelöhnerhaushalte für die Hauptnahrungsmittel reduziert: Sie beliefen sich 1965 noch auf 92% und fielen 1980 auf 69%. Aber auch hier werden für Getreide mehr (43%) und für Fleisch und Fisch weniger (13%) ausgegeben. Es ist nicht ohne Schwierigkeiten möglich, von verminderten Ausgaben für Getreide und vermehrten Ausgaben für Fleisch und Fisch auf eine gleich hohe Verminderung bzw. Vermehrung der konsumierten Waren zu schließen. In die Betrachtung muß die unterschiedliche Entwicklung der Verbraucherpreise für die Produkte der Ernährung miteinbezogen werden. Die Preise für Getreide sind weit weniger gestiegen als die Preise für Fleisch, Fisch und Gemüse. Unter Verwendung des Preisindexes 1975 = 100 klettern die Getreidepreise 1980 auf 183.6, die Fleischpreise auf 267.6 und die Gemüsepreise auf 275.9. (5) Meines Erachtens kann, auch wenn man/frau die unterschiedliche Entwicklung der Verbraucherpreise in die Waagschale wirft, immer noch davon ausgegangen werden, daß eine Diversifizierung der Nahrungsmittel stattgefunden hat.

Inwieweit die Qualität und Quantität der Ernährung für die Mehrheit der Arbeiterhaushalte aus- oder unzureichend ist, kann nach den verfügbaren Daten nicht beurteilt werden. Um diese entscheidende Frage wenigstens anzusprechen, wird im folgenden ein Untersuchungsbericht über die Lage der Nahrungsmittelversorgung in Südkorea kurz wiedergegeben, um wenigsten einen Eindruck über die Realität der Versorgung mit den lebensnotwendigen Gütern zu liefern:

"According to the 1977 National Nutrition Survey, undertaken by the Ministry of Health and Social Affairs for 1.200 sample households, the ratio of the actual consumption over the required level was 99% for calories, 105% for protein, 97% for calcium, 140% for iron, 70% for Vitamin A, 70% for Vitamin B, 50% for Vitamin B_2, 90% for Niacin, and 76% for Vitamin C. It is startling to note that this survey showed that about 30% of the sample population was suffering from diseases of malnutrition ... These are anaemia, bitot's spots, thyroid enlargement, angular stomatitis, night blindness, glossitis, cheilosis, hyperkeratosis, bleeding gums, calf tenderness, loss of knee jerk and edema. ... Since the nutriotional state for the poor population is worse than average, the incidence of malnutrition-related diseases is likely to be very high among the poor." (6) (Hervorhebungen d. Verf.)

Am Beispiel der Tagelöhnerhaushalte kann m.E. auf die unzureichende Ernährung der schlechter bezahlten Lohnarbeiter hingewiesen werden.

13% von 61.886 won wurden dort 1980 für Fleisch und Fisch ausgegeben. Das entspricht 8.253 won oder ca. 33 DM. In Anbetracht des relativ hohen Fleischpreises, der nur wenig unter dem in der Bundesrepublik Deutschland liegt, läßt sich auf die mangelnde Eiweißversorgung eines großen Teiles der Lohnarbeiter hindeuten.

In gleicher Weise wie der Fleischpreis ist der Preis für Reis in Südkorea so hoch, daß Reis, der in seiner Ernährungsqualität über Gerste und Weizen steht, nicht in den Umkreis der Nahrungsmittel für alle Haushalte in ausreichender Menge eingehen kann.

Hierzu Preisbeispiele:

Verbraucherpreise in Seoul, 1980 (7)

Reis	pro kg 2,30 DM	Rindfleisch	pro kg 18,67 DM
Gerste	pro kg 0,85 DM	Schweinefleisch	pro kg 9,10 DM
Weizen	pro kg 0,71 DM		

Weitaus schlechter als den hier aufgeführten Familientypen ist es um die Konsumtionsmöglichkeiten der Arbeiter/innen bestellt, die nicht im Schutze der Familie leben und sich allein zu versorgen haben. Insbesondere sind es die jungen Mädchen, die vom Land in die Städte gekommen sind, (8) um die zurückgebliebene Familie durch eigene Arbeit zu unterstützen, die sich um das tägliche Überleben sorgen müssen.

"Die Arbeiterinnen können sich nur eine minimale Ernährung leisten, z.B. Reis oder Nudeln als 'Ersatznahrung' mit etwas Suppe oder 'Kim Chi' (scharfes Gemüse). Manche lassen eine Mahlzeit täglich ausfallen und sparen sogar an der Heizung. Die hohen Mietkosten können nur getragen werden, indem zwei bis vier Arbeiterinnen ein Zimmer teilen und häufig in Schichten schlafen - Arbeiterinnen der Nachtschicht schlafen tags darin und umgekehrt. Minimale kulturelle Ausgaben für Film, Bücher, Zeitschriften sind kaum möglich." (9)

5. Die Ausgaben der Haushalte der Lohnarbeiter für Wohnen, Energie, Bekleidung und Sonstiges

Tabelle 22: AVERAGE MONTHLY HOUSEHOLD ECONOMY IN CITIES
(Salary and Wage Earners' Households)

Year	Consumption expenditures	Food & beverages	Housing	Fuel & light	Clothing	Miscella- neous
1963	100.0	55.1	14.2	6.1	6.1	18.5
1964	100.0	60.5	12.4	5.2	5.0	16.9
1965	100.0	57.6	13.1	5.7	6.7	17.0
1966	100.0	49.5	16.7	6.2	8.0	19.7
1967	100.0	45.0	17.5	5.8	10.4	21.3
1968	100.0	43.1	16.7	5.1	11.3	23.7
1969	100.0	40.9	18.1	5.0	11.4	24.6
1970	100.0	40.6	18.2	5.8	10.5	24.9
1971	100.0	41.4	18.3	5.6	10.0	24.8
1972	100.0	41.3	18.5	5.3	9.2	25.8
1973	100.0	41.8	18.9	5.0	9.3	25.1
1974	100.0	44.2	18.1	5.5	8.5	23.8
1975	100.0	44.2	16.7	5.3	9.0	24.7
1976	100.0	43.0	17.6	4.8	9.3	25.3
1977	100.0	41.7	20.3	4.9	9.7	23.4
1978	100.0	39.9	21.6	4.9	10.2	23.4
1979	100.0	36.5	23.8	4.9	10.4	24.4
1980	100.0	36.1	24.0	5.9	9.2	24.8

Quelle: "Major Statistics of Korean Economy 1981"
EPB, Seoul, 1981, S.186

Der prozentige Anteil der Ausgaben für Bekleidung und Energie ist in den 70er Jahren relativ konstant. Für die Bekleidung werden zwischen 9 und 10% und für die Energie durchschnittlich etwa 5% der Gesamtausgaben bestritten. Der Anstieg der Energiekosten in den Rezessionsjahren 1975 und 1980 führt zu vermehrten Ausgaben für die Energieträger Strom, Kohle und Heizöl. So stieg der Anteil für letztere Produktgruppe von 5,0% 1974 auf 5,5% für 1975 und von 4,9% 1979 auf 5,9% 1980. Diese zunehmende Tendenz in den Ausgaben für Energie wird gleichzeitig von der Abnahme der Ausgaben für Bekleidung begleitet. Während die Ausgaben für Energie in den Rezessionsjahren steigen, fallen die Ausgaben relativ zu den Gesamtausgaben für die Bekleidung. So belief sich der Anteil 1974 auf 9,3% und 1975 auf nur noch 8,5% und 1979 wurden 10,9% der Ausgaben für Bekleidung bestritten, während 1980 für diese Produktgruppe nur noch 9,2% zur Verfügung stand.

Mit diesen Angaben scheint die Elastizität der Ausgaben für Bekleidung
am größten zu sein, da sich die vermehrten Ausgaben für Energie
und Wohnen in der Abnahme der Ausgaben für Bekleidung am stärksten
ausdrücken.

Der Anstieg der Ausgaben für Wohnen ist ab 1976 enorm hoch. Lag
der prozentuale Anteil 1975 noch bei 16,7%, so klettert er in den
darauffolgenden Jahren kontinuierlich auf 24,0% für 1980. Hier ist
nochmal auf die statistische Unsicherheit der Angaben hinzuweisen:
Das EPB weist in den Wohnungsausgaben einen sehr hohen Betrag
aus, der den Eigentümern von Wohnraum als fiktive Miete angerechnet
wird. Da die Mieten ab 1976 überdurchschnittlich zu anderen Produkten
und Dienstleistungen ansteigen, fällt der fiktive Betrag Ende der 70er
Jahre verstärkt ins Gewicht.

Auf alle Fälle kann gesagt werden, daß die Lohnarbeiter ohne eigenen
Wohnraum ab 1976 mehr für die Miete ausgeben mußten als in den
Jahren zuvor. Die Verknappung des Angebotes an Wohnraum als Folge
der Industrialisierung und der damit einhergehenden Verstädterung
gibt Platz für Spekulation und Mietwucher. Ein paar Fakten sollen
hierzu genannt sein:

1975 lebten 16,8 Millionen Menschen in den Städten Südkoreas. 1980
waren es schon 21,4 Mio. Ein Drittel davon lebte allein in Seoul:
6,9 Mio. oder 22% der Gesamtbevölkerung. 1980 lebten 4,7 Mio. städtische
Haushalte in 2,5 Mio. Wohneinheiten, d.h. auf eine Wohneinheit entfielen 1,83 Haushalte. Die städtischen Wohneinheiten sind wie folgt
aufgeteilt:

Detached Dwelling	1.916.252	75,4%
Town House	143.204	5,6%
Appartment	389.494	15,3%
Wirtschaftsräume	92.969	3,7%

Demnach sind 3/4 der Wohnhäuser im koreanischen Stil gebaut. 15%
sind Apartments und 5,6% sind Steinhäuser mit westlicher Ausstattung. (10)

Die Wohnqualität in Südkorea ist noch weit davon entfernt, als befrie-
digend bezeichnet werden zu können: So verfügen nur 6% der Bevölkerung

über einen Anschluß an das Abwassernetz. In Seoul sind 20% an das Abwassernetz angeschlossen und im Besitz fließenden Wassers. (11)

Die geringe Wohnfläche pro Person und die enormen Baukosten sind ein weiterer Mißstand:

"In the dwelling situation, about 60% of urban households have a floor size of 0.7 - 1.7 pyung per person (1 pyung = about 3 m²). The number of habitants per room is 2.5 person on average. About 48.4% of urban houses are occupied by more than 2 households. 55.2% of urban households live in houses owned by others. The price of houses in on an upward trend and it becomes more difficult for ordinary citizens to purchase housing. The construction cost of housing increased more than 32% in the year 1979 in Seoul; a person with a monthly income of 150.000 won (US$ 258) can manage to own a house (site 52 pyung, floor space 22 pyung) after saving all his income during 16 years und 11 months." (12)

Über die hohen Mieten in Seoul schreibt Ilse Lenz:

"Ein Zimmer in Seoul kostete 1978 ca. 200 - 400 US$ Kaution und 20 - 40 US$ Monatsmiete; in Slums ist die Miete ca. 1/3 geringer. Dies bei einem Durchschnittslohn von 69 US$!" (13)

Die Ausgaben, die unter der Rubrik "Sonstiges" ("Miscellaneous") zusammengefaßt sind, stehen nach der Höhe an den Gesamtausgaben nach den Ausgaben für die Ernährung an zweiter Stelle. Mit Ausnahme der Jahre 1974, 1977 und 1978 bewegten sich diese Ausgaben zwischen 24 und 25%. Es soll kurz dargestellt werden, welche Waren und Dienstleistungen sich hinter der Kategorie "Sonstiges" verbergen, um gleichzeitig die Notwendigkeit dieser Produktgruppe für die einfache Reproduktion eines Lohnarbeiterhaushaltes darzustellen.

Für dieses Vorhaben wird sich im folgenden auf das Jahr 1980 und auf die Ausgabenstruktur der Stammarbeiterhaushalte beschränkt.

Tabelle 23: **Sonstige Ausgaben ("Miscellaneous") nach Hauptgruppen des Stammarbeiterhaushaltes 1980**

	won	%
Medizinische Versorgung	10.135	24,4
Transport, Kommunikation	8.186	19,7
Bildung	6.618	16,0
Personelle Dienste	3.664	8,9
Tabak	2.940	7,1
Lesen und Erholung	2.487	6,0
Schreib- und Papierwaren	658	1,6
Anderes	6.775	16,3
total	41.463	100,0

Quelle:
"Annual Report on the Family Income and Expenditure Survey", 1980, EPB, RoK, S. 124

An erster Stelle stehen die Ausgaben für die medizinische Versorgung (24,4%). Ebenso lebensnotwendig sind die Ausgaben für die Fahrtkosten (19,7%).

Die sehr hohen Ausgaben für die Bildung (16,0%) müssen im engen Zusammenhang mit dem koreanischen Wertesystem, das im Konfuzianismus wurzelt, gesehen werden. Bereits in der Abhandlung des koreanischen Lohnsystems wurde auf die Bedeutung der Schulausbildung hingewiesen (vgl. S. 54f.). Da die meisten Schulen und insbesondere die höheren Schulen und Hochschulen in Südkorea in privater Hand sind und deshalb eine Schulgebühr erhoben wird, sind die elterlichen Haushalte bestrebt, einen Teil ihres Einkommens für die Ausbildungskosten ihrer Kinder zu reservieren. (14) Die genannten Posten aus der Rubrik "Sonstiges" machen bereits 60% der Ausgaben insgesamt aus. Meines Erachtens sind die Mehrheit der Ausgaben demnach nicht aus dem Umkreis der notwendigen Lebensmittel für die einfache Reproduktion herauszulösen. Mit Betrachtung des sehr niedrigen Anteils der Ausgaben für 'Lesen und Erholung', es sind monatlich 2.987 won (ca. 12 DM), wird deutlich, daß die Lohnarbeiterhaushalte noch weit davon entfernt sind, an dem kulturellen Leben, wie es in den Städten angeboten wird, teilzuhaben.

Abschließend sei noch ein Wort zu den nicht-konsumtiven Ausgaben gesagt: Nach der Statistik der Ausgaben der Stammarbeiterhaushalte für 1980 werden durchschnittlich nur 1.492 won (ca. 7,70 DM) indirekte Steuern bezahlt. Das Einkommen ist so niedrig, daß der Staat die Haushalte nicht stärker durch Abzug von Steuern belasten kann. (15)

Anmerkungen

(1) "The Korean Times", 1.1.1978

(2) "Versuche, das Verbraucherverhalten und die Einkommensverhältnisse privater Haushalte mit den Mitteln der Statistik zu durchleuchten, gehen nach Angaben des Statistischen Bundesamtes in Europa bis in die Mitte des 18. Jahrhunderts zurück. Als Wegbereiter der Statistik der Wirtschaftsrechnungen gilt in Deutschland Ernst Engel, der 1857 sein berühmtes 'Gesetz' aufstellte, demzufolge mit steigendem Einkommen der Anteil der Ausgaben für Nahrungs- und Genußmittel an den Gesamtausgaben sinkt."
"Frankfurter Rundschau", 13.9.1982

(3) Der wirkliche Prozentsatz der Ausgaben für Nahrungsmittel an den Gesamtausgaben ist für alle Jahre etwa um sieben Prozentpunkte höher. Das EPB rechnet sowohl der Einkommens- als auch der Ausgabenseite den fiktiven Betrag "imputed rent of owner-occupied housing" hinzu und manipuliert somit erheblich die wirklichen Verhältnisse.
vgl. auch Anmerkungen zur Tabelle 22

(4) Hierzu schreibt Kim C.S.:
"Wage levels have increased every year, but these increases have trailed behind both spiraling inflation and rising productivity. Thus, in 1975, workers wages decreased 17,4% in real terms."
Kim C.S., a.a.O., S. 30

(5) vgl. "Annual Report on the Price Survey, 1980", National Bureau of Statistics, EPB, 1981, RoK, S. 28ff.

(6) Suh Sang Mok: "The Patterns of Poverty", in: Park Chong Kee (Ed.): "Human Resources and Social Development in Korea", Korea Development Institute, Seoul, RoK, 1980, S. 358   (Hervorhebungen d.Verf.)

(7) Angaben in won nach: "Annual Report on the Price Survey, 1980", National Bureau of Statistics, EPB, 1981, RoK, S. 28ff.

(8) Nach einer Untersuchung des südkoreanischen Arbeitsamtes 1974 kommen 63,8% der Arbeiterinnen aus Dörfern und Kleinstädten und nur 28,7% aus den fünf größten Städten Südkoreas.
vgl. Lenz, a.a.O., S. 136

(9) Lenz, a.a.O., S. 136ff.

(10) vgl. "Preliminary Count of Population and Housing Census", National Bureau of Statistics, EPB, Seoul, 1/1981, S. 22 und S. 27

(11) vgl. Deutsch-Koreanische Industrie- und Handelskammer: "Korea, Basisdaten über die Wirtschaft", Seoul, 10.6.1981, S. 5

(12) Christian Institute For the Study of Justice and Development: "Realities of Korean Economy", Seoul, 1981

(13) Lenz, a.a.O., S. 167

(14) "Im Jahre 1972 waren 41,3% der Mittel- und Oberschulen und 78,3% der Hochschulen des Landes in privater Hand - die Ausbildung ist deshalb entsprechend teuer."
Luther, a.a.O., S. 118

(15) 1977 hatten 77% der Erwerbstätigen in Südkorea überhaupt keine Lohnsteuer zu zahlen. vgl. Luther, a.a.O., S. 113

IV. KOLLEKTIVER KONSUM

Unter dem Begriff "kollektiver Konsum" sollen hier die Einrichtungen und Dienstleistungen zusammengefaßt werden, die der Bevölkerung teils von privater, teil von staatlicher Seite zur Verfügung gestellt werden und die nicht individuell, sondern gemeinschaftlich genutzt werden. Zu dem kollektiven Konsum gehören Bildungseinrichtungen (Schulen, Universitäten, Bibliotheken, Museen usw.), Erholungseinrichtungen (Schwimmbäder, Sportzentren usw.), das öffentliche Verkehrswesen, die Sozialversorgung, das Gesundheitswesen u.a.

Der Zugang zu diesen Einrichtungen ist rechtlich allen möglich, richtet sich allerdings nach der **zahlungsfähigen Nachfrage** des einzelnen, solange dieser die Kosten für das Angebot des kollektiven Konsums tragen muß.

Ein Beispiel: In Südkorea besteht ein sehr großer Bedarf (Nachfrage) an einer angemessenen Gesundheitsversorgung:

> "According to the results of recent interviews surveys regarding the prevalence of morbidity, between 17 and 36 percent of the population suffered an activity restricting illness during the month of survey." (1)

Die zahlungsfähige Nachfrage ist dagegen weitaus geringer, da etwa 3/4 der Bevölkerung nicht krankenversichert ist und demzufolge die Kosten der ärztlichen Behandlung aus eigener Tasche zahlen muß. Da das Einkommen aber sehr niedrig ist, müssen viele auf den Arzt verzichten und wenden sich den Apothekern und Geistesbeschwörern ("mudang") zu.

So waren für 100.000 Personen im Jahre 1979 87,8 Betten in Krankenhäusern vorhanden. Diese sehr niedrige Anzahl entspricht jedoch der zahlungsfähigen Nachfrage: die Auslastung der zur Verfügung stehenden Betten beträgt nur 62,9%. (2)

> "There are several factors contributing to the underutilization of hospital facilities, the most important of which is the inadequate appropriation of money for public hospitals by the government and the lack of purchasing power on the part of the population. In other words, the medical care needs of the population cannot be translated into effective demand." (3)

Die Größe des Angebotes der Einrichtungen des kollektiven Konsums und die getätigte Nachfrage zeigen den Stand der sozialen Entwicklung eines Landes. Zum anderen wird dadurch auch die Richtung der staatlichen Politik aufgedeckt. Es stellt sich die Frage, in welchem Umfang die Grundbedürfnisse der einkommensschwachen Teil der Bevölkerung durch staatliche Hilfe befriedigt werden. In welcher Weise werden von staatlicher Seite Mechanismen der Umverteilungspolitik innerhalb des kollektiven Konsums zugunsten der Armen des Landes angewandt, um letzteren eine menschengerechte Existenz zu ermöglichen?

Die Beantwortung der Fragen soll auf zweifachem Wege ausgeführt werden. Zuerst werden die Ausgaben für die Sozialversorgung in Südkorea in den Ländervergleich gestellt, um mit der Höhe des Anteils der Ausgaben für die Sozialversorgung an dem Bruttoinlandsprodukt (ab hier: BIP) eine erste Einschätzung der Qualität der Leistungen des Sozialwesens zu geben. In zweiten Schritt soll das Programm der südkoreanischen Regierung für die soziale Sicherheit ("Social Security Program") nach dessen Leistungen allgemein und insbesondere nach dessen Umverteilungsgewicht zugunsten der einkommensschwachen Schichten untersucht werden.

1. Ausgaben für das "Social Security Program" in Südkorea im Ländervergleich

Lagen die Ausgaben für das "Social Security Program" (ab hier: SSP) in Südkorea 1974 bei 0,68% des BIP, so wurden in anderen Ländern (je nach der Höhe des Prokopfeinkommens) zwischen 1,2% und 16,2% für die Sozialversicherung ausgegeben. Der Abstand der Ausgaben Südkoreas zu denen anderer Länder ist 1979 noch größer: Während in einem Land mit einem Prokopfeinkommen von 1000 - 2000 US-$ im Jahre 1974 6,4% des BIP für die soziale Sicherheit ausgegeben wurde, belief sich der Anteil der Ausgaben für Südkorea im Jahre 1979 auf 1,17%, obwohl das Prokopfeinkommen bereits auf 1.624 US-$ angestiegen ist. In Südkorea werden demnach nur etwas mehr als ein Sechstel der Ausgaben für das soziale Netz bestritten als in Ländern mit ähnlich hohem Prokopfeinkommen. (4)

2. Ausgabenstruktur des Staatshaushaltes 1979

Betrachten wir den Staatshaushalt 1979, um mit dessen Ausgabenstruktur auf die Prioritäten der Staatspolitik hinzuweisen.

Tabelle 24: Functional Classification of Central Government Expenditure and Net lending 1979

	Billion won	%
General public services	978.4	16,5
Defense	1.587.1	26,8
Education	875.6	14,7
Health	56.9	1,0
Social Security and Welfare	212.3	3,6
Housing and Community amenities	65.8	1,1
Other Community and social services	30.4	0,5
Economic services	1.816.8	30,6
Unallocable and other purposes	298.5	5,0
Total	5.930.8	100,0

Quelle: "Economic Statistics Yearbook 1981", Bank of Korea, Juni 1981, S. 93

Die Ausgaben, die der wirtschaftlichen Entwicklung dienlich sind (Forschung, Infrastrukturarbeiten usw.), sind am höchsten (30,6%). Danach kommen die Verteidigungsausgaben mit 26,8%. Der hohe Anteil für Bildung verweist auf die notwendige Ausbildung qualifizierter Arbeitskräfte für die angestrebten Wirtschaftsziele. Für das SSP sind dagegen nur 3,6% der Staatsausgaben vorgesehen. Daneben wird der Bereich der Sozialausgaben erweitert, wenn 1% der Gesamtausgaben für die Gesundheitsversorgung und 1,1% für das Wohnungswesen hinzugerechnet werden.

Setzt man die immensen Summen der Ausgaben für die wirtschaftliche Entwicklung und für die Verteidigung in das Verhältnis zu den Ausgaben für das Sozialwesen, wird die Stoßrichtung der staatlichen Politik deutlich: Der Staat stellt sich in den Dienst des Kapitals und tut wenig für den Teil der Bevölkerung, auf deren Schultern das hohe Wirtschaftswachstum ruht. Eine Umverteilung der nationalen Reichtümer zugunsten der Armen und eine ausgewogene soziale Sicherung für alle liegt anscheinend nicht im Interesse des südkoreanischen Entwicklungsmodells.

Die hohen Verteidigungsausgaben werden von staatlicher Seite immer wieder als Hindernis für eine verbesserte Sozialversorgung herangezogen. In informierten Kreisen ist man sich einig, daß die "nordkoreanische Aggression" eine Alibifunktion erhalten hat, um die Legitimierung für die "innere Militarisierung" zu erreichen. Letztere wird dazu gebraucht, die soziale und politische Stabilität, im Notfall mit offener Gewalt, zu sichern.

"Die zunehmenden Schwierigkeiten der Wirtschaft infolge der einseitigen Exportorientierung und die sich aus den wachsenden sozialen Gegensätzen entwickelnde Polarisierung zwischen der Mehrheit der Bevölkerung und dem Staat haben zu immer brutalerer Unterdrückung und zur Militarisierung der Gesellschaft geführt." (5)

3. Die Leistungen des "Social Security Programs" (SSP)

Das SSP umfaßt drei Schwerpunkte, die in der Reihenfolge dargestellt werden:
1. Versicherungssystem,
2. Programm zur Sicherung des Lebensunterhaltes
3. Einrichtungen der sozialen Wohlfahrt.

3.1. Versicherungssystem

3.1.1. Krankenversicherung

Tabelle 25: Persons covered under Medical Insurance (in '000 Personen)

	1977	1978	1979
Employees	3.149	3.820	4.684
Employers	63	63	63
Public Servants and Teachers	-	-	3.041
Total	3.212	3.883	7.788
Percentage of the Population (in %)	8.8	10.4	20.7

Quelle: Ministry of Health and Social Affairs (MHSA), zit. nach: Suh Sang Mok: "Dilemma in Developing Social Security Programs for Korea", Korea Delevopment Institute, Seoul, 6/1980, S.12

Seit Juli 1977 gibt es in Südkorea eine nationale Krankenversicherung,
der anfangs nur die Arbeiter und Angestellten (einschließlich Familienangehörigen), die in Betrieben mit 500 und mehr Beschäftigten arbeiten,
angehörten. Im Januar 1979 wurde die Mitgliedschaft ausgeweitet:
Es kamen die Stammarbeiter aus Firmen mit 300 und mehr Beschäftigten und die Staatsbeschäftigten hinzu. 1979 sind ca. 21% der
Bevölkerung krankenversichert. (6)

Die Beiträge für die Krankenversicherung betragen durchschnittlich
für die Lohnarbeiter des Kapitals 3,2% und für die Staatsbeschäftigten
und Lehrer 3,8% des Gesamtlohnes. Die Hälfte der Beitragssumme
werden von den Arbeitgebern getragen (im Falle der Staatsbeschäftigten
ist der Arbeitgeber der Staat).

Die Leistungen umfassen nur 80% der Kosten der Behandlung im Krankenhaus und 70% der Kosten für eine ärztliche Untersuchung außerhalb
des Krankenhauses. Die Kosten eines Krankenhausaufenthaltes sind
nochmal geteilt in die Aufwendungen für die unmittelbare ärztliche
Behandlung und die Pflegekosten.

"In order zu prevent excessive concentration of patients at
hospitals, the insured must also pay 50% of the out-patient
expenses at hospitals." (7)

Die zahnärztliche Behandlung und die medizinische Rehabilitation der
Versicherten sind nicht in die Leistungen der Versicherung eingeschlossen.
Die Dauer der Kostenbeteiligung für die medizinische Versorgung
ist auf sechs Monate begrenzt. (8) Für mitversicherte Familienangehörige beträgt die eigene Kostenbeteiligung für die medizinische Versorgung
zusätzlich 10%. (9)

Die Beschränkung der Krankenversicherung auf die Lohnarbeiter aus
Großfirmen verstärkt die schon bestehenden Einkommensunterschiede
innerhalb der Lohnarbeiter des Kapitals. Die Bevorteilung der Stammarbeiter in Großfirmen ergibt sich ebenso aus dem Angebot firmeneigener
Einrichtungen für die medizinische Versorgung.

"The Korea Tungsten Mining Company and the Korea Coal Mining
Company are operating a network of company-owned hospitals
and dispensaries for their employees. <u>Workers in these and
other financially well-off enterprises receive better health
care than the average citizen in the country.</u>" (10)
(Hervorhebung d.Verf.)

Die Tagelöhner, die Arbeiter mit Zeitverträgen und die kleinen Selbständigen auf dem Land und in den Städten, die alle über keine sichere Einkommensquelle verfügen und deren Verdienste unter denen der Stammarbeiter liegen, sind von der Krankenversicherung ausgeschlossen. Dagegen sind die Staatsbediensteten in die Versicherung aufgenommen, was ihre sonstige bessere Arbeitssituation noch vergrößert.

Desweiteren werden die schon bestehenden Disparitäten in der Versorgung mit Krankenhäusern und Ärzten zwischen den Städten und dem ländlichen Sektor ausgeweitet, da die Versicherten zum größten Teil in den Städten leben.

"Since those covered under the present program are located in urban areas, the introduction of the medical insurance program has resulted in a sharp increase in the demand for medical services in urban areas. This further aggravates the present condition that most of medical facilities and personnel are already concentrated in urban areas." (11)

"It ist estimated that almost 83 percent of physicians and 87 percent of the medical facilities are concentrated in urban areas. Comparison, only 48 percent of the nation's population reside in urban areas. Thus, the gross imbalance in the distribution of health resources between urban und rural areas is a problem of enormous magnitude in Korea. Because of it, roughly 40% of the people in rural areas are not treated at all when ill." (12)

3.1.2. Unfallversicherung

Tabelle 26: Trend in Industrial Accident Insurance

	1965	1970	1975	1979
Firm covered	289	5.588	21.369	55.763
Workers covered	161.150	779.053	1.836.209	3.607.595
Percentage of all workers (%)	2.0	8.0	15.3	26.7
Work-Related Accident Rate (%)	5.9	4.9	4.4	3.6

Quelle:
Labour Office, zit. nach:
Suh Sang Mok: "Dilemma in Developing Social Security Programs for Korea", Korea Development Institute, Seoul, 6/1980, S. 14

Im Jahre 1964 wurde die Unfallversicherung ins Leben gerufen. 1965 waren nur 161.150 Arbeiter gegen Betriebsunfälle versichert. 1979 sind es bereits über 3 Mio. Die Beschäftigten in Kleinbetrieben sind ebenso wie die Arbeiter ohne festes Arbeitsverhältnis ausgeschlossen. Im Jahre 1979 sind nur ca. 23% aller Arbeiter in der Unfallversicherung aufgenommen. Demgegenüber stehen die hohen Unfallraten mit Todesfolgen und die sehr hohe Zahl der Berufskrankheiten (vgl. meine Ausführungen auf S. 28ff.).

Der Versicherungsbeitrag beläuft sich auf 1,13% des Gesamtlohnes des Arbeiters. Die Leistungen sind sehr beschränkt: Zuerst muß der Arbeiter dem Kapitalisten nachweisen, daß der Unfall oder die Krankheit direkte Folge der Arbeit in der Firma ist. Ist ihm das gelungen, werden die Kosten für die ärztliche Behandlung von dem Unternehmen übernommen. Ist die medizinische Behandlung nach zwei Jahren noch nicht abgeschlossen, braucht der Unternehmer nur eine Geldsumme zu zahlen, die ihn aus allen weiteren Verpflichtungen löst. Die Summe soll 1.340 mal dem Tageslohn entsprechen. (13)

Die Staatsbeschäftigten erhalten dagegen in einer eigenen Unfallversicherung bessere Leistungen: Das Programm sieht eine Übernahme aller Arzt- und Krankenhauskosten bis zur vollständigen Genesung des Patienten vor.

Neben den Kosten für die ärztliche Betreuung während der Ausfallzeit des Arbeiters erhält dieser nur 60% des Normallohnes.

> "Insurance benefits are too low to maintain a reasonable standard of living for the insured. Also, there are too many lawsuits concerning insurance payment." (14)

Der doch recht hohen Anzahl der Versicherten steht eine kleine Anzahl der Arbeiter gegenüber, die von der Unfallversicherung bisher profitieren konnten. Im Jahre 1979 waren es 128.457 Arbeiter.

Die unzureichende Anwendung der bestehenden Versicherung führte zu der Ansammlung der Gelder in den Händen der Verwaltungsstelle ("Ministry of Labour"):

> "Although insurance fees have been declining over time, insurance payments have fallen far short of insurance receipts, resulting in a large accumulation of funds. By the end of 1980 the estimated accumulation of funds will be 33 billion won." (15)

Der Staat kommt also auch hier den Arbeitern in keiner Weise entgegen.

3.1.3. Entlassungsgelder ("Severance Pay System")

Alle Firmen mit 16 und mehr Beschäftigten sind verpflichtet, für jeden Arbeiter ein Monatsgehalt pro Jahr zurückzulegen. Scheidet der Arbeiter aus dem Arbeitsverhältnis aus, steht ihm diese Abschlagsumme zur Verfügung (vgl. meine Ausführungen auf S. 53).

Dieses System überläßt den Unternehmen die größten Spielräume: Da die Gelder für diese Art der Altersversorgung in Firmen mit dünner Kapitaldecke nicht ohne die staatliche Kontrolle aus dem Firmenkapital ausgesondert werden, stehen die Gelder im Falle des Firmenbankrotts für den vorgesehenen Zweck nicht mehr zur Verfügung und die Arbeiter gehen leer aus.

> "Accumulation of severance pay obligation is becoming an excessive burden on the finance of business firms. Severance pay obligation amounts to more than 50% of the firm's estimated equity in 47% of all firms. ... Since many firms do not put aside funds for severance pay as required by law, the present system often becomes inoperative when a firm goes bankrupt." (16)

Wiederum zeigt sich, daß die Stammarbeiter in Großfirmen von dem Versicherungssystem mehr profitieren als die Arbeiter in Klein- und Mittelbetrieben. Die finanzielle Lage der Großfirmen ist besser als die der kleineren Betriebe.

Neben den Stammarbeitern sind die Staatsbeschäftigten die eigentlichen Nutznießer der Versicherung für die Altersversorgung. Für die letzteren gibt es die Pension, die aus dem Staatsfonds und aus Beträgen der Versicherten finanziert wird. Zu der direkten Altersversorgung sind die Familienangehörigen des Staatsbediensteten gegen Tod oder Invalidität des Familienvorstandes versichert. Das Pensionsprogramm umfaßt 1979 ca. 2% der Bevölkerung. (17)

3.2. Programm zur Sicherung des Lebensunterhaltes
("Livelihood-Protection-Program")

Die gesetzliche Grundlage für das gegenwärtig bestehende "Livelihood-Protection-Program" (ab hier: LPP) wurde bereits 1961 mit dem "Livelihood-Program-Act" geschaffen. In diesem Gesetz sind die Personen, die unter das LPP fallen, in zwei Kategorien aufgeteilt:

Kategorie I
In dieser Gruppe sind alle hilfsbedürftigen Personen zusammengefaßt, die nicht fähig sind, eine Arbeit zu verrichten und daher nicht für sich selbst sorgen können, z.B. alte Menschen ohne Familie, Waisenkinder, geistig- und/oder körperlich Behinderte, Schwangere ohne familiäre Unterstützung.

Kategorie II
In diese Kategorie fallen alle Personen, die zwar das Vermögen haben zu arbeiten, aber aufgrund von Arbeitslosigkeit und/oder Unterbeschäftigung als absolut arm angesehen werden müssen.

Im Jahre 1965 gehörten noch 3,9 Mio. Personen zu den Hilfsbedürftigen (13,3% der Bevölkerung). 1975 verringern sich die Personen, die unter das LPP fallen, auf 1,3 Mio. (3,8% der Bevölkerung). Im Jahre 1979 sind 1,8 Mio. Menschen (4,9% der Bevölkerung) nach Einschätzung der Regierung "absolut arm" und benötigen staatliche und/oder private Unterstützung, um die lebensnotwendigen Grundbedürfnisse zu erhalten. (18)

3.2.1. Die Leistungen des LPP

Bis 1974 bekamen die arbeitsunfähigen Personen (Kategorie I) nur eine marginale Unterstützung in Form von Grundnahrungsmitteln: Diejenigen, die in einem privaten Haushalt lebten, erhielten im Durchschnitt 250 gr. Weizen pro Tag (1975 waren 375.000 Personen in Privathaushalten untergebracht). Die anderen, die in staatlichen oder privaten Einrichtungen untergebracht waren (1975: 52.000 Personen), bekamen durchschnittlich pro Tag 216 gr. Reis, 207 gr. Gerste und einen kleinen Geldbetrag. (19)

In den Jahren nach 1974 wurde die materielle Unterstützung etwas verbessert. 1978 wurden an Personen in Privathaushalten 101 gr. Reis, 41 gr. Gerste und 350 gr. Weizen pro Person und Tag verteilt. Die Hilfsbedürftigen, die in Pflegehäusern untergebracht waren, erhielten pro Tag 288 gr. Reis, 276 gr. Gerste und Bargeld in der Höhe von 150 bis 170 won (ca. 75 Pfennige).

Mit der Einführung der Krankenversicherung im Jahre 1977 wurde den arbeitsunfähigen Personen (Kategorie I) die Kostenübernahme für die notwendige medizinische Versorgung durch die Regierung zugesichert. Den anderen absolut armen Personen gewährte der Staat einen günstigen Kredit, mit dem sie ihre lebensnotwendigen Ausgaben für die medizinische Versorgung bestreiten sollten.

> "About 1.7 million of those just above the threshold of being on public assistance are provided necessary medical care through subsidized loans which can be paid back in installments." (21)

Drei wesentliche Problembereiche des LPP können hier genannt werden:

1. Die Armutsgrenze, die die Regierung für das LPP festsetzt, entspricht nicht den objektiven Gegebenheiten:

> "The criteria for selecting those eligible need to be determined on a more objective basis. More specifically, the income ceiling needs to be made equal to a poverty line indicating the 'minimally acceptable' living standard." (22)

2. Die geleistete Unterstützung ist zu niedrig, um den Bedürftigen einen menschenwürdigen Lebensstandard zuzusichern:

> "... it is evident that well-being of the poor has been much improved in recent years. However, it is another question whether the level of assistance is adequate to maintain a decent minimum standard of living corresponding to the present stage of Korea's economic development." (23)

3. Die medizinische Versorgung, die die Bedürftigen unter dem LPP erhalten, ist schlechter als die der zahlungsfähigen Patienten:

> "The poor segment of the population has little in the way of health care available to them, except on a public assistance basis in general hospitals run by the city governments. Even there, the opportunities for free treatment are extremly limited. Such hospitals are often inadequate because of insufficient financing, and quality of medical services provided is far from

satisfactory. Provincial or municipal hospitals are supposed to
care mainly for persons who cannot afford to pay for their
hospitalization. However only a small proportion of their beds
are estimated to be occupied by nonpaying patients. This is
due to the fact that because of insufficent financial support
from government most public hospitals have to cover a large
part of the cost of their operation by admitting paying patients.
... In spite of their scarcity, hospital beds are underutilized
in the nation as a whole." (24)

3.2.2. Arbeitsbeschaffungsprogramm innerhalb des LPP
("Self-Help-Work-Program")

Dieses Programm wird den arbeitsfähigen Personen, deren Einkommen nicht ausreicht, die Grundbedürfnisse zu decken, von der Regierung angeboten. Sie sollen damit die Möglichkeit erhalten, durch eigene Arbeit ihr Einkommen zu verbessern.

Die zugewiesenen Arbeiten sind überwiegend dem öffentlichen Bauwesen zuzuordnen. Es handelt sich um Schwerstarbeit (Straßenbau, Säuberung der Flüsse, Bau ländlicher Bewässerungsanlagen u.a.).

Für diese Arbeit zahlte die Regierung 1979 den Männern 2.500 won pro Tag und den Frauen 2.000 won. (25) Dieser Niedrigstlohn (10 - 12 DM) der Regierung läßt erkennen, daß die Hilfsmaßnahmen eher den Charakter der Ausbeutung als den der Wohltätigkeit haben.

Die Anzahl der Arbeitstage, die einem Haushalt durchschnittlich zugewiesen wurden, belief sich 1979 auf 12 Tage. (26) Damit ist wohl deutlich gemacht, daß das Arbeitsbeschaffungsprogramm den Armen in keiner Weise weiterhilft.

3.3. Wohlfahrtseinrichtungen ("Social Welfare Services")

Die Einrichtungen der sozialen Wohlfahrt sind 1979 zu 97% in privater Hand (einschließlich der Institutionen, die von der Kirche oder anderen nicht-staatlichen Organisationen und Verbänden getragen werden). 67% der Institutionen sind in den Städten angesiedelt. (27)

Die Kosten der Wohlfahrt werden nur zu 9% durch Eigenleistungen bestritten. Die restlichen Gelder werden entweder aus Spenden aufgebracht oder von der Regierung zugewiesen (1977 betrug der Anteil der Regierung 56% der Gesamtkosten). (28)

Um sich ein Bild über die Unterversorgung der Bevölkerung mit den Wohlfahrtseinrichtungen zu machen, seien hier ein paar Beispiele des Angebotes und der weit übersteigenden Nachfrage angeführt:

Nur etwa 35% der alten Menschen, die in ein Altersheim möchten, können in die bestehenden Einrichtungen aufgenommen werden. (29)

Viel schlimmer noch ist die Situation der Frauen mit unehelichen Kindern, die von der Familie ausgestoßen sind: Nur etwa 1,4% dieser Frauen können einen Platz in den entsprechenden Einrichtungen erhalten. (30)

Ein weiteres Problem dieses sozialen Bereiches ist die Unterversorgung mit qualifiziertem Personal.

> "The wage and salary level for the social welfare services workers is so low that many professional social workers are discouraged from working in this field for a long time. It ist estimated that only 27% of those engaged in social welfare service are professionally qualified and turnover rate is as high as 26% per annum." (31)

4. Zusammenfassung und Ergebnisse

Die eigentlichen Nutznießer des SSP sind die Staatsbeschäftigten. Der Staat ermöglicht ihnen durch das Sozialversicherungssystem den Zugang zu den sozialen Einrichtungen und Dienstleistungen des Gesundheitswesens, sichert ihren Anspruch auf staatliche Unterstützung im Falle von Krankheit und Invalidität und übernimmt die Altersversorgung (Pension). Gerade diese Leistungen, die nur den Staatsbeschäftigten zukommen, verbergen sich hinter dem Ausgabenbudget für "Social Security and Welfare" innerhalb des Staatshaushaltes. Die Bevorteilung des öffentlichen Dienstes in der sozialen Sicherung dient erkennbar der politischen Sicherung des Herrschaftssystems.

Demgegenüber lassen die sehr niedrigen staatlichen Aufwendungen
für die hilfsbedürftigen Personen das Versagen einer staatlichen Umverteilungspolitik zugunsten der einkommensschwachen Teile der Bevölkerung
erkennen. Die Unterstützung der von staatlicher Seite als "absolut
arm" bezeichneten Personen ist so gering, daß diese sich nicht mit
den lebensnotwendigen Gütern und Dienstleistungen versorgen können.
Die zunehmende Verschlechterung der Einkommensverteilung ab Mitte
der 70er Jahre vergrößert den Teil der Armen und fordert staatliche
Umverteilungsmaßnahmen. Trotz der Ausweitung des sozialen Elends
bleibt die staatliche Politik in ihrer Stoßrichtung einseitig auf das
Ziel des Wirtschaftswachstums ausgerichtet und ist an einer gerechteren
Verteilung der Reichtümer nicht interessiert.

Die gesetzlichen Grundlagen des Sozialversicherungssystems der
Lohnarbeiter des Kapitals sind völlig unzureichend, um allen Lohnarbeitern
ein Minimum an sozialer Sicherheit zu geben. Einzig die qualifizierten
Stammarbeiter, die in größeren und finanzstarken Firmen beschäftigt
sind, profitieren von der geschaffenen Sozialgesetzgebung (Kranken-
und Unfallversicherung, Altersversorgung). Die Arbeiter ohne festes
Arbeitsverhältnis und die Beschäftigten in Kleinbetrieben bleiben von
den Leistungen des Sozialprogrammes gänzlich ausgeschlossen.

In der Teilung der Lohnarbeiter des Kapitals in die Fraktion, die bereits
Vorteile aus dem Sozialversicherungssystem ziehen kann und in die,
die von den Leistungen unberührt bleibt, kommt die Stellung der staatlichen Politik in den Auseinandersetzungen von Lohnarbeit und Kapital
zum Ausdruck: Der Staat zwingt den Kapitalisten keine Bestimmung
für alle Lohnarbeiter auf, sondern führt mit der Bevorteilung der
Beschäftigten der Großfirmen, die an sich schon einen überdurchschnittlich hohen Lohn erhalten, einen Bruch in der Arbeiterschaft durch.

Anmerkungen

(1) Park Chong Kee: "The Organization, Financing, and Cost of Health Care", in: Park Chong Kee (Ed.): "Human Resources and Social Development in Korea", Korea Development Institute, Seoul, RoK, 1980, S. 102

(2) vgl. "Korea Statistical Handbook", EPB, RoK, 1980, S. 109

(3) Park C.K., a.a.O., S. 108

(4) vgl. Suh Sang Mok: "Dilemmas in Developing Social Security Programs for Korea", Korea Development Institute, Seoul, 6/1980, S. 24ff.

(5) Luther, a.a.O., S. 193

(6) vgl. Suh S.M., a.a.O., S. 11

(7) Suh S.M., a.a.O., S. 12

(8) vgl. Park C.K., a.a.O., S. 128

(9) vgl. Park C.K., a.a.O., S. 130

(10) vgl. Park C.K., a.a.O., S. 119

(11) Suh S.M., a.a.O., S. 13

(12) Park C.K., a.a.O., S. 107

(13) vgl. "Labour Administration in Korea", Ministry of Labour, Seoul, Rok, May 1981, S. 43

(14) Suh S.M., a.a.O., S. 15

(15) ebd. (33 Mrd. won ≙ 68 Mio. US-$)

(16) Suh S.M., a.a.O., S. 16

(17) ebd.

(18) vgl. Suh S.M., a.a.O., S. 17

(19) vgl. Choo Hakchung: "Economic Growth and Income Distribution", in: Park Chong Kee: "Human Resources and Social Development in Korea", Korea Development Institute, Seoul, RoK, 1980, S. 319

(20) vgl. Choo H., a.a.O., S. 320

(21) ebd.

(22) Suh S.M., a.a.O., S. 18

(23) Choo H., a.a.O., S. 320

(24) Park C.K., a.a.O., S. 107

(25) vgl. Suh S.M., a.a.O., S. 19

(26) vgl. Suh S.M., a.a.O., S. 20

(27) vgl. Suh S.M., a.a.O., S. 21

(28) ebd.

(29) vgl. Suh S.M., a.a.O., S. 22. Insgesamt wurden 1979 nur 2.900 alte Menschen in Altersheimen betreut. vgl. ebd.

(30) ebd.

(31) Suh S.M., a.a.O., S. 22ff.

V. EINKOMMENSVERTEILUNG UND ARMUT IN SÜDKOREA

1. Verteilungsdaten für Südkorea im Ländervergleich

Die kapitalistische Industrialisierung in den westlichen Metropolen (z.B. England und Preußen) war in den Anfängen von einer Auseinanderentwicklung der Einkommensverhältnisse der Bevölkerung begleitet. So ist das Phänomen der Massenarmut noch Anfang des 20. Jahrhunderts bei gleichzeitiger Herausbildung der nationalen Bourgeoisie mit hohem Einkommen und Luxuskonsum Resultat des kapitalistischen Entwicklungsweges.

Thomas Hurtienne nennt einige Sozialindikatoren, die nachweisen, daß die kapitalistische Entwicklung in England bis zum 1. Weltkrieg (also 130 Jahre nach Beginn der industriellen Revolution) durch einige zentrale Merkmale der "strukturellen Heterogenität" gekennzeichnet war: extreme Ungleichheit der Einkommensverteilung, hoher Anteil des Luxuskonsums, geringe Bedeutung der industriellen Massenkonsumgüterproduktion, hohe absolute Armut und soziale Marginalisierung. (1)

Im Unterschied zu dieser Konzentration des Volkseinkommens in den Händen von wenigen Kapitalisten ist die Einkommensverteilung in Südkorea nicht von solcher Ungleichheit geprägt. Im Jahre 1976 betrug dort der Anteil der oberen 20% der Bevölkerung am gesamten Volkseinkommen 45,3%, während in Preußen ca. 57% des Volkseinkommens auf die oberen 20% (im Jahr 1896) und in England im Jahre 1880 auf die oberen 10% etwa 50% des Volkseinkommens entfielen. (2)

Auch im Vergleich des Anteils der oberen 20% am Volkseinkommen in anderen Entwicklungsländern fällt die Ungleichheit der Einkommensverteilung Südkoreas relativ mäßig aus: Philippinen 53,9%, Chile 51,4%, Brasilien 66,6%, Argentinien 50,3%. Einzig Taiwan verfügt unter den Entwicklungsländern über eine bessere Einkommensverteilung als Südkorea. Auf die oberen 20% fallen dort 39,2% des Volkseinkommens. (3)

Die offiziellen Verteilungsdaten für Südkorea lassen allerdings Zweifel an der Wiedergabe der realen Einkommensverhältnisse zu:

"Vergleicht man die Forschungsergebnisse dieser Macro-Untersuchungen jedoch mit der sozialen Wirklichkeit in Südkorea, dem 'Alltag' der Mehrheit der Bevölkerung, so sind Zweifel geboten, und zwar nicht nur an den amtlich veröffentlichten Daten, sondern auch an den verwendeten Forschungsansätzen und Erhebungsmethoden." (4)

Dennoch kann angenommen werden, daß die Ungleichheit der Einkommensverteilung in Südkorea nicht so gravierend ist als in anderen Entwicklungsländern. Denn auch diese Verteilungsdaten drücken die wirklichen Verhältnisse nur mit großer Unsicherheit aus.

2. Historische Ursachen der mäßigen Einkommensungleichheit

Die mäßige Ungleichheit der Einkommensverteilung in Südkorea ist allerdings auf Faktoren zurückzuführen, die bereits vor der Industrialisierung den Grundstein für eine relativ harmonische Gesellschaft gelegt haben. Das historische Erbe Südkoreas kommt in den drei folgenden Punkten der Einkommensverteilung zugute:

1. Einmal sind die Besitztümer der Japaner 1945 in die Hände des Staates gefallen, der danach einen großen Teil der Produktionsanlagen in seinen Dienst stellen konnte.

> "In 1941, about 90% of the national industrial assets were owned and managed by the Japanese. And, in 1942, of all cultivated land, 73 percent was owned by Koreans. With the withdrawel of the Japanese, practically all of these assets fell into the hands of the Korean government." (5)

2. Der Großgrundbesitz wurde nach der Dekolonisation durch eine von den amerikanischen Besatzern eingeleitete Landreform abgeschafft.

> "Fortunately, in 1947 under the auspices of the U.S.Military Government and again in 1949 under the new Korean government, two land reform programs were carried out. ... These two land reforms had many effects on the economy, the most important of which was to substantially reduce the concentration of land ownership. Prior to the reforms in 1945, 41, percent of the farmhouseholds cultivating more than 5 chungbo owned 49,6 percent of the land, while 72,1 percent of all farm households owned only 10,4 percent of all land. By 1955, 5,7 percent of the relatively large farm households cultivating 2 or more chungbo shared only 16,9 percent of all cultivated land,

while 19,0 percent of the small scale households with less than
3 danbo shared 5,8 percent of the cultivated land, evidence
of the significant improvement in land distribution." (6)

3. Die Zerstörung während des turbulenten Kriegsgeschehens (1950 -
1953) war sehr groß und hat vor allem die Oberschicht, die bereits
Industrianlagen besaß, getroffen.

"The Korean War also had a significant effect on the distribution
of material wealth in Korea, between 1950 - 1952 roughly
20 percent of the net capital stock was destroyed. ... Certainly,
destruction of private wealth and assets during the Korean
War affected all, ... However, it is likely that the loss of wealth
was generally heavier among the upper income classes." (7)

Es stellt sich die Frage, ob im Zuge der exportorientierten Industrialisierung eine merkliche Veränderung der Einkommensverhältnisse in der Bevölkerung Südkoreas stattgefunden hat. Ist mit der Ausweitung der kapitalistischen Lohnarbeit und der Herausbildung einer einheimischen Bourgeoisie eine Verschlechterung oder eine Verbesserung der Einkommensverteilung eingetreten? Hat sich die relative Armut vergrößert bei gleichzeitiger Konzentration der Reichtümer in den Händen von wenigen?

3. Entwicklung der Einkommensverteilung in den 70er Jahren

Um den Fragen der Dynamik der Einkommensverteilung nachzugehen, wird in der folgenden Darstellung die Verteilung des Volkseinkommens mit dem **Gini-Koeffizienten** ausgedrückt. Die Zunahme bzw. Abnahme des Gini-Koeffizienten zeigt eine Verschlechterung bzw. Verbesserung der Einkommensverhältnisse an. (8)

Aus der Tabelle 27 (siehe S. 106) können wir entnehmen, daß in der ersten Phase der exportorientierten Industrialisierung (1965 - 1970) ein Verbesserung der Einkommensverteilung stattgefunden hat. Der Gini-Koeffizient fällt von 0.3440 im Jahr 1965 auf 0.3320 in Jahr 1970. Die Industrialisierung hat Arbeitsplätze geschaffen, die keine höheren Qualifikationsanforderungen an die Arbeitskräfte stellte.

Dadurch konnte ein Teil der bis zu dieser Zeit Arbeitslosen und Unterbeschäftigten einen Arbeitsplatz in den exportorientierten Industrien finden. Trotz des herrschenden niedrigen Lohnniveaus verbesserte sich damit das Einkommen vieler Haushalte.

Tabelle 27: Verteilung des Volkseinkommens und Gini-Koeffizient für die Jahre 1965, 1970, 1976, 1978

Jahr	Anteil des Volkseinkommens (in %) der		Gini-Koeffizient
	unteren 40%	oberen 20%	
1965	19,3	41,8	0.3440
1970	19,6	41,6	0.3320
1976	16,8	45,3	0.3808
1978	15,5	46,7	0.4000

Quelle:
Choo Hakchung, Kim Daemo: "Probable Size Distribution of Income in Korea: Over Time and By Sectors", Seoul: Korea Development Institute, November 1978; aus: Choo Hakchung: "Economic Growth and Income Distribution", in: Park Chong Kee (Ed.): "Human Resources and Social Development in Korea", Korea Development Institute, Seoul, RoK, 1980, S. 289ff.
Die Daten für 1978 sind entnommen aus: Suh Sang Mok: "Dilemmas in Developing Social Security Programs for Korea", Korea Development Institute, June 1980, S. 4

In den 70er Jahren trat allerdings eine gegensätzliche Entwicklung der Einkommensverteilung ein. der Gini-Koeffizient steigt ab 1970 kontinuierlich an: 1970 beträgt er 0.3320 und klettert auf 0.3808 im Jahr 1976 und auf 0.400 in Jahr 1978.

Um eine Aussage über die Ursachen der verschlechterten Einkommensverteilung in den 70er Jahren treffen zu können, sind in Tabelle 28 die Verteilungsdaten nach Haushaltstypen aufgeschlüsselt.

Tabelle 28: Einkommensverteilung nach Haushaltstypen, 1965, 1970, 1976 (Gini-Koeffizient)

Jahr	Agricultural Households	Employee Households	Employer Households
1965	0.2852	0.3993	0.3838
1970	0.2945	0.3043	0.3528
1976	0.3273	0.3553	0.4490

Quelle:
siehe Tabelle 27

Überdurchschnittlich ist die Zunahme des Gini-Koeffizienten für die Lohn- und Gehaltsempfänger: der Gini-Koeffizient betrug 1965 0.3993 und fiel bis 1970 auf 0.3043, stieg aber bereits 1976 auf 0.3553. Wie bereits an anderer Stelle dieser Arbeit näher ausgeführt ist, sind die Lohnzuwächse der Berufsgruppen, die eine höhere Schulbildung voraussetzen, größer ausgefallen als die anderer Berufsgruppen. Zudem ist mit der Verlagerung der Produktion in kapitalintensive Branchen (Autoindustrie, Chemische Industrie, Stahlindustrie, Schiffsbau u.a.) der Anteil der Techniker und Ingenieure in den 70er Jahren angestiegen. Parallel zu der Gewichtung der Produktion auf höherwertige Konsumgüter und der Ausweitung des produzierenden Gewerbes insgesamt, ist auch der Bereich der Dienstleistungen vergrößert worden.

Die Ausbreitung der Waren- und Geldzirkulation hat eine Nachfrage nach qualifizierten Arbeitskräften geschaffen. Die Beschäftigten außerhalb der verarbeitenden Industrie (Banken, Versicherungen, Warenhäuser, Hotelgewerbe u.a.) verfügen über eine höhere Schulbildung und konnten ebenso wie die Techniker und Ingenieure ab Mitte der 70er Jahre dem Kapital höhere Lohnzuwächse abfordern als die angelernten Arbeiter im Produktionsbereich.

Neben der zunehmenden Ungleichheit der Einkommen der Lohnarbeiter mit dem Fortgang der industriellen Entwicklung in Südkorea ist gleichzeitig der Anteil des Volkseinkommens der Arbeitgeber ("Employer") von zunehmenden Disparitäten gekennzeichnet. Im Jahre 1970 stand der Gini-Koeffizient auf 0.3528 und stieg auf 0.4490 im Jahre 1976.

Die Kapitalisten, die im Konkurrenzwesen der kapitalistischen Produktion bestehen können, konzentrieren auf sich zunehmend mehr Kapital bei gleichzeitigem Untergang der Kapitalisten mit dünner Kapitaldecke. Zentralisation und Konzentration des Kapitals haben dazu geführt, daß sich in den Händen einer Spitze der Kapitalisten eine immense Kapitalsumme angehäuft hat.

> "The emphasis place on the large scale heavy and chemical industries has led to higher business concentration and rapid increase of real estate prices has resulted in a widening inequality of wealth distribution and property income." (9)

Als letzter Faktor, der die verschlechterte Einkommensverteilung verursacht hat, seien noch die veränderten Bedingungen der landwirtschaftlichen Produktion erwähnt. Im ländlichen Bereich betrug der Gini-Koeffizient 0.2852 im Jahre 1965. In den folgenden Jahren steigt er an: 1970 beläuft er sich auf 0.2945 und 1976 auf 0.3273.

Durch die "grüne Revolution", die in Südkorea mit der Einführung neuer Sorten (Hybridreis) und die damit notwendig gewordene Kunstdüngung herbeigeführt wurde, sind die Produktionskosten immens gestiegen, während die Ernteerträge sich nicht entsprechend erhöht haben.

> "Between 1968 und 1975, the consumption of chemical fertilizer doubled and that of other agricultural chemicals such as insecticides and weedicides increased 8.8. times. ... Between 1967 and 1974, grain production increased only 6,8% and rice production 23,3%." (10)

Da der Preis für den Kunstdünger hoch angesetzt und der Ankaufspreis für Reis niedrig gehalten wurde (11), hat sich zwischen den Produktionskosten und dem landwirtschaftlichen Einkommen eine Kluft entwickelt, die dazu führte, daß die Gruppe kleinbäuerlicher Submarginalbetriebe (über 25% aller Betriebe) nicht mehr rentabel arbeiten konnte und sich teilweise hoch verschulden mußte. Die fortschreitende Verschuldung zwang viele dieser Kleinbauern zur Aufgabe der landwirtschaftlichen Produktion und veranlaßte sie schließlich zum Verkauf ihres Landbesitzes. Die Bauern mit größerer Bebauungsfläche konnten sich daher leicht Ländereien dazukaufen und ihre Produktion ausweiten. Dieser Prozeß der Konzentration innerhalb der südkoreanischen Landwirtschaft dauert fort und findet im Interesse der staatlichen Planung statt. Die Nebenerwerbswirtschaft und Subsistenzwirtschaft auf dem Lande soll ein

Ende nehmen, damit die Produktivität im Agrarbereich durch Investitionen, die nur den ökonomisch bessergestellten Großbauern möglich sind, gesteigert werden kann.

Die negativen Folgen des Modernisierungsprozesses sind einmal die zunehmende Verstädterung als Folge der Landflucht und die damit einhergehende Ausweitung des sozialen Elends in den Städten (Arbeitslosigkeit, Verelendung, Slums, Kriminalität, Prostitution, Drogenkonsum u.a.).

"Here is the dark underside of Korea's miracle of GNP growth. In short, in the korean pattern of export-oriented industrialization, growth enriches the few (notable foreign capital, but also the Park group and a small section of labor) at the direct expense of the many - above all those who have been marginalized by the destruction of rural life." (12) (Hervorhebung d.Verf.)

Zum anderen wird eine moderne Produktionsart landwirtschaftlicher Güter diktiert, die in einem hohen Maße chemische Hilfsmittel einsetzt, die das ökologische Gleichgewicht zerstören, was später enorme Folgekosten für notwendige Reparaturen verursachen wird. Nicht nur die große Menge des verwandten Kunstdüngers, sondern auch der leichtfertige Umgang der Bauern mit den Chemikalien, hat zu einer immensen Belastung der Umwelt geführt.

"Die südkoreanischen Bauern sind jedoch mit der Handhabung des Kunstdüngers sowie der Agrochemikalien noch nicht völlig vertraut. Diese Chemikalien werden völlig bedenkenlos in die Wasserläufe geschüttet. Umweltschutz ist in Südkorea noch kein sehr geläufiger Begriff." (13)

4. Armut in Südkorea

Die Verschlechterung der Einkommensverteilung ist noch kein Beleg für eine zunehmende Massenarmut. Die Ansammlung der nationalen Reichtümer im Laufe der kapitalistischen Entwicklung ist allerdings nicht allen Teilen der Bevölkerung gleichermaßen zugute gekommen, was die Zunahme des Gini-Koeffizienten gezeigt hat. Das schließt aber nicht aus, daß die Industrialisierung auch den einkommensschwächsten Gliedern der Gesellschaft eine verbesserte ökonomische Lage gebracht haben könnte. Sicherlich hat die **relative Verarmung** der letztgenannten Teile der Bevölkerung zugenommen, d.h. der Abstand der Einkommensschwachen zu den Personen mit hohem Einkommen hat sich vergrößert.

Es stellt sich die Frage, in welchem Umfang die kapitalistische Entwicklung in Südkorea **absolute Armut** (14) produziert hat oder schon bestehende absolute Armut reduziert werden konnte. Danach muß nach der Entwicklung der **relativen Armut** (15) gefragt werden. Hat die relative Armut mit der verschlechterten Einkommensverteilung in den 70er Jahren an Bedeutung gewonnen?

Nach der Quantifizierung der absoluten und relativen Armut zu verschiedenen Zeitpunkten werden die Haushalte der Armen nach deren sozio-ökonomischen Merkmalen dargestellt, um mit diesen Kriterien auf die Ursachen der Armut hinzudeuten und damit eine Verbindung der Armut mit den Schwächen des koreanischen Entwicklungsmodells herzustellen.

Tabelle 29: <u>Armut in Südkorea in % der Bevölkerung</u>

Jahr	absolute Armut	relative Armut
1965	41	12
1970	23	5
1976	15	12
1978	12	14

Quelle:
siehe Tabelle 27

Nach Tabelle 29 ist festzustellen, daß die <u>absolute</u> Armut mit der Zunahme der Industrialisierung abgenommen hat: 1965 lebten noch 41% der Bevölkerung unterhalb der absoluten Armutsgrenze; 1970 sind es 23% und 1978 immerhin noch 12%. (16) die <u>relative</u> Armut hat gegenüber der absoluten Armut aber zugenommen: 1965 erreichen 12% der Bevölkerung nicht ein Drittel des durchschnittlichen Einkommens und gelten als relativ arm. 1970 konnte sich dieser Anteil auf 5% reduzieren. Aber schon 1976 steigt der relativ arme Teil der Bevölkerung wieder auf 12% an und klettert 1978 sogar auf 14%.

Zusammenfassend kann gesagt werden, daß die kapitalistische Industrialisierung die Haushalte, die unterhalb des Existenzminimums leben, zwar reduzieren konnte, allerdings eine relative Verarmung hervorgerufen hat, die in der Tendenz weiter ansteigt.

Aus den beiden Indikatoren Wohnung und Ernährung erhält man einen Einblick in die Lebensverhältnisse der Armen:

Bei Betrachtung der Wohnverhältnisse der Armen zeigt sich, daß ihr Einkommen so niedrig ist, daß sie noch weit davon entfernt sind, die Grundbedürfnisse befriedigen zu können. Nahezu drei Viertel der städtischen Haushalte, die als arm angesehen werden, haben nur ein Zimmer zur Verfügung. Die durchschnittliche Haushaltsgröße beträgt ca. 5 Personen. (17)

Die Ernährung dieser Personen ist völlig unzureichend. Daten über die Nahrungsmittelversorgung liegen leider nicht vor. Doch nach einer Untersuchung des Gesundheitsministeriums über die Nahrungsmittelaufnahme der gesamten Bevölkerung sind 30% der Personen in Südkorea unzureichend ernährt und leiden an spezifischen Krankheiten, die aus der mangelnden Versorgung mit lebenswichtigen Aufbaustoffen resultieren. (18) Stellt man diese Tatsache in Rechnung, kann gesagt werden, daß die Personen unterhalb der Armutsgrenze ohne Ausnahme schlecht ernährt sind. So schreibt Suh M.S.:

> "... it is possible that some poor households are in fact experiencing absolute shortages of calories and protein." (19)

Erste Hinweise auf die Ursache der Armut in Südkorea lassen sich aus der Verteilung der absolut Armen nach Stadt und Land erhalten.

Aus Tabelle 30 (siehe S. 113) wird ersichtlich, daß im Jahre 1965 61 von Hundert armen Haushalten auf dem Land lebten. Bis Ende der 60er Jahre nahm der Anteil der Armen auf dem Land weiter zu und erreichte 1970 71,9%. Von 1970 bis 1976 trat eine umgekehrte Entwicklung ein: 1976 waren nur noch 39 von Hundert armen Haushalten auf dem Land ansässig. Dagegen lebten 61% in den Städten. Die Landflucht der verarmten Bauern hat zu der Zunahme der Armut in den Städten geführt.

Tabelle 30: Verteilung der "absolut" Armen nach Stadt und Land in %

		Haushalte	Bevölkerung
1965	Stadt	39,1	36,1
	Land	60,9	63,9
	Total	100,0	100,0
1970	Stadt	28,1	26,6
	Land	71,9	73,4
	Total	100,0	100,0
1976	Stadt	61,0	59,1
	Land	39,0	40,9
	Total	100,0	100,0

Quelle:
Suh Mok Sang: "The Patterns of Poverty",
in: Park Chong Kee (Ed.): "Human Resources
and Social Development in Korea",
Korea Development Institute, Seoul, RoK,
1980, S. 351

"In vielen Fällen ziehen es diese Kleinbauern vor, in die Stadt abzuwandern. Daher herrscht heute in Südkorea eine unkontrollierbare Landflucht. 1963 waren noch 60% der Erwerbsbevölkerung in der Landwirtschaft tätig, 1979 nur noch 34%. Bis auf die in unmittelbarem Großstadtumland gelegenen Gegenden haben alle Landbezirke absoluten Bevölkerungsrückgang. Dementsprechend nimmt die Stadtbevölkerung stark zu. Die südkoreanische Hauptstadt Seoul hatte 1955 noch 1,6 Millionen Einwohner. Im vorigen Jahr war die Bevölkerung bereits auf 8,5 Millionen angeschwollen. Das in die Städte flutende Landproletariat hat einen sehr niedrigen Bildungsstand und stellt deshalb eine bedeutende soziale Gefahr dar." (20)

Um eine Aussage über die Ursachen des sozialen Elends in den Städten zu treffen, werden im folgenden die als arm angesehenen städtischen Haushalte nach deren sozio-ökonomischen Merkmalen betrachtet.

5. Sozio-ökonomische Merkmale der Haushalte der Armen in der Stadt

Tabelle 31 a-d: Distribution of the Poor (urban) by Employment Status (a), Typ of Workers (b), Occupation (c) and Education (d) of the Head of Household (in %)

(a) Employment status

Employed	64,9		Unable to work	21,6
Not Employed	35,1		Unemployed (but able to work)	13,6
	100,0		Underemployed	17,6
			Fullyemployed	47,3
				100,0

(b) Type of Worker

(c) Occupation

Employers	1,4		Professional & Technical	1,3
Self-employed (petty)	33,8		Administrative & Managerial	0,3
Family Workers	0,3		Clerical	3,9
Permanent Employees	18,1		Sales	19,4
Temporary Employees	11,3		Service	7,4
Daily Workers	35,1		Agriculture & Related	20,6
	100,0		Production	47,0
				100,0

(d) Education

No Schooling	25,5
Elementary Schooling	41,7
Middle School	17,5
High School	12,8
College	2,5
	100,0

Quelle:
National Bureau of Statistics, Special Labor Force Survey, 1974, in: Suh Mok Sang: "The Patterns of Poverty", in: Park Chong Kee (Ed.): "Human Resources and Social Development in Korea", Korea Development Institute, Seoul, RoK, 1980, S. 361ff.

Nach dem Beschäftigungsstatus des Haushaltsvorstandes ist in 65% der armen städtischen Haushalte das Familienoberhaupt erwerbstätig. Davon sind 33,8% kleine Selbständige, die auf eigene Rechnung arbeiten und über kein gesichertes Einkommen verfügen. Immerhin sind 46,4% der erwerbstätigen Haushaltsvorstände Tagelöhner und Arbeiter mit Zeitarbeit. Sogar 18,1% gehen einer regelmäßigen Lohnarbeit nach. Nehmen wir die Angaben über die Arbeitszeiten hinzu, so erfahren wird, daß 47,3% vollbeschäftigt sind. Dagegen sind 31,2% Unterbeschäftigte und Arbeitslose. Es kann festgehalten werden, daß nicht etwa nur Personen ohne ein Lohnarbeitsverhältnis unterhalb der Armutsgrenze leben müssen, sondern daß ein erheblicher Teil der Armen einer regelmäßigen Lohnarbeit nachgeht, die aber aufgrund der niedrigen Löhne keine normale Reproduktion für die Familie ermöglicht.

Schauen wir näher zu, um die Hauptverdiener der armen Familien nach deren Betätigungsfeld einzuordnen. In 47% der Haushalte ist der Familienvorstand in der Produktion beschäftigt. Wir haben an anderer Stelle dieser Arbeit bereits die niedrige Entlohnung der Produktionsarbeiter dargestellt.

Wie bedeutend die Schulbildung für das berufliche Fortkommen und die Entlohnung ist, zeigt die Verteilung der Armen nach dem Schulabschluß des Haushaltsvorstandes: 25,5% besitzen überhaupt keine Schulbildung und 41,7% haben nur die Elementarschule besucht.

Tabelle 32: <u>Distribution of the Poor (urban) by Characteristics in Household Composition</u>

Household Size (person)	4.81
(under 14)	2.02
Sex of Household Head	100.0
Male	78.4
Female	21.6

Quelle: siehe Tabelle 31

Die Diskriminierung der Frauen, die sich u.a. in der Entlohnung ausdrückt, wirkt sich in der Struktur der Armenhaushalte aus: Da die Frauen durchschnittlich nicht einmal die Hälfte des Lohnes der Männer erhalten,

ist der Anteil der Haushalte, die unter die Armutsgrenze fallen und
deren Vorstand eine Frau ist, höher als im allgemeinen Durchschnitt:
Im Jahre 1974 ist in 22 von Hundert armen städtischen Haushalten
der Familienvorstand eine Frau, während in nur 13 von Hundert städtischen
Haushalten die Frau den Vorstand stellt. (21)

6. Zusammenfassung und Ergebnisse

Wir haben gesehen, daß die Ursachen für eine mäßige Ungleichheit
der Einkommensverteilung in Südkorea hauptsächlich aus der Zeit vor
der exportorientierten Industrialisierung stammen.

Nach einer kurzen Periode der Verbesserung der Einkommensverteilung
(1965 - 1970) ist die Entwicklung umgeschlagen: Nach 1970 vergrößert
sich der Abstand zwischen den einkommensschwachen und einkommens-
starken Teilen der Bevölkerung zunehmend. Der Ausweitung der relativen
Armut steht allerdings eine Reduzierung der absoluten Armut entgegen.

Es ist noch offen, ob die relative Armut nicht doch in absolute Armut
umschlagen wird: die hier zitierten Angaben über die Verteilung des
Volkseinkommens reichen nur bis 1978. Im Jahre 1979 und 1980 ist
die Exportwirtschaft Koreas von einer Absatzkrise erschüttert: das
GNP fällt 1980 um 5,7% hinter das Niveau von 1979 zurück. Die Reallöhne sinken nach offiziellen Angaben um über 4% gegenüber dem
Vorjahr.

In der Darstellung der sozio-ökonomischen Merkmale der städtischen
Haushalte unterhalb der Armutsgrenze haben wir gesehen, daß neben
den arbeitslosen und unterbeschäftigten Haushaltsvorständen auch ein
erheblicher Teil der Hauptverdiener regelmäßig beschäftigte Lohnarbeiter
sind. Hierzu zählen gerade die Arbeiter und Arbeiterinnen, die keine
höhere Schulbildung haben und vorwiegend als Angelernte in der Produktionssphäre ihre Beschäftigung finden. Dieser Teil der Lohnarbeiter
ist zuerst von der Arbeitslosigkeit bedroht, die aufgrund des fehlenden
sozialen Netzes mit einem Abgleiten in die absolute Verelendung gleich-
zusetzen ist.

Es bleibt also noch offen, ob die exportorientierte Industrialisierung, wie sie in Südkorea betrieben wird, ein Massenelend hervorbringen wird (oder vielleicht schon jetzt hervorgebracht hat).

Eine absolute Verarmung der Masse der Bevölkerung würde den Entwicklungsweg Koreas als einen Weg in die Sackgasse entlarven.

Anmerkungen:

(1) Hurtienne, a.a.O., S. 117ff.

(2) Die Verteilungsdaten Preußens und Englands sind entnommen aus Hurtienne, a.a.O., S. 118 und S. 121; für die Daten für Südkorea vgl. Tabelle 26

(3) vgl. Senghaas, a.a.O., S. 261f.

(4) Luther, a.a.O., S. 110

(5) Choo H., a.a.O., S. 303

(6) Choo H., a.a.O., S. 305

(7) Choo H., a.a.O., S. 303f.

(8) Der Gini-Koeffizient faßt das gesamte Ausmaß von Ungleicheit numerisch zusammen, wobei die Grenzwerte von 0 totale Gleichheit und von 1,0 totale Ungleichheit induzieren.

(9) Suh S.M., a.a.O., S. 4

(10) Kim C.S., a.a.O., S. 24

(11) "Im Jahre 1976 stieg der Verkaufspreis für Kunstdünger um 79,2% und der Preis für Ackergeräte um 60%. Dagegen stieg der von der Regierung festgesetzte Ankaufspreis für Reis im gleichen Jahr nur um 19%." Luther, a.a.O., S. 132

(12) Kim C.H., a.a.O., S. 31

(13) Eckart Dege: "Die Grüne Revolution entläßt ihre ungeliebten Stiefkinder", in: "Handelsblatt", Nr. 198, 15.10.1981

(14) "Absolut arm": Die absolute Armutsgrenze ist nach dem existenznotwendigen Verbrauch an Nahrungsmitteln ermittelt. In der zitierten Untersuchung gelten die Personen als absolut arm, die täglich unterhalb der existenznotwendigen 2.100 kcal bleiben. Die Anzahl der Kalorien ist den Richtwerten der FAO entnommen.
vgl. Suh Sang Mok: "The Patterns of Poverty", in: Park Chong Kee (Ed.): "Human Resources and Social Development in Korea", Korea Development Institute, Seoul, RoK, 1980

(15) "Relativ arm": Die relative Armutsgrenze ist definiert nach der World Bank: Haushalte mit einem Einkommen, das unterhalb eines Drittels des durchschnittlichen Haushaltseinkommen liegt, sind als "relativ arm" zu bezeichnen.
vgl. Suh M.S., a.a.O., S. 354

(16) Die hier angewandte A r m u t s g r e n z e ist angesichts des Entwicklungsstandes Südkoreas viel zu niedrig angesetzt: So sind in der Berechnung nur die nötigsten Nahrungsmittel für eine niedrige Reproduktion aufgenommen und die miserable Gesundheitsversorgung als auch die elenden Wohnverhältnisse sind dagegen unberücksichtigt geblieben. Um die Unsicherheit in der Festlegung der Armutsgrenze zu illustrieren, seien folgende Schätzungen des existenziellen Bedarfs verschiedener Organisationen genannt:

1969 setzte die "Korean National Textil Workers"-Gewerkschaft das Existenzminimum für einen Fünfpersonenhaushalt bei 19.772 won pro Monat an. Zum Vergleich ist in der Studie, die in dieser Arbeit ihre Verwendung findet, ein Betrag von 14.034 won für einen städtischen und 11.745 won für einen ländlichen Haushalt für das gleiche Jahr angesetzt.

1977 schätzte der Dachverband der koreanischen Gewerkschaften (FKTU) für einen Zweipersonenhaushalt das Existenzminimum auf 76.715 won pro Monat. Dagegen ist in der hier dargestellten Arbeit nur ein Einkommen von 31.783 won für einen städtischen und 26.594 won pro Monat für einen ländlichen Zweipersonenhaushalt festgesetzt.

Auch anhand der staatlichen Steuerbefreiungsgrenze läßt sich die Unterschätzung der Armutsgrenze bekräftigen: 1978 lag die Steuerbefreiungsgrenze für eine fünfköpfige Familie bei 100.000 won Monatseinkommen. Die Armutsgrenze ist demgegenüber viel niedriger: sie liegt bei 64.650 won pro Monat für den städtischen und 54.265 won für den ländlichen Fünfpersonenhaushalt (vgl. Suh S.M., a.a.O., S. 348f.).

Meines Erachtens ist aus dem Vergleich der verschiedenen Schätzwerte des Existenzminimums zu entnehmen, daß die Angaben so weit auseinanderliegen, daß die Quantifizierung der armen Haushalte ebenso stark differieren muß. D e m z u f o l g e   k a n n   m a n   d a v o n   a u s g e h e n ,   d a ß   d e r   T e i l   d e r   B e v ö l k e r u n g ,   d e r   u n t e r h a l b   d e s   E x i s t e n z m i n i m u m s   l e b t ,   i n s g e s a m t   h ö h e r   i s t   a l s   i n   d e r   S t u d i e   a n g e g e b e n .

(17) 61% der städtischen Haushalte, die als arm gelten, stehen in einem Mietverhältnis. Von allen städtischen Haushalten sind nur 6,6% Mieter ihres Wohnraumes. vgl. Suh M.S., a.a.O., S. 360.
Die hohen Mieten und die schlechten Wohnverhältnisse sind bereits auf S. 86f. in dieser Arbeit dargestellt.

(18) Die Ergebnisse der hier angesprochenen Untersuchung sind bereits auf S. 83 in dieser Arbeit zitiert worden.

(19) vgl. Suh S.M., a.a.O., S. 358

(20) Dege, a.a.O.

(21) vgl. Suh S.M., a.a.O., S. 364

SCHLUSSBEMERKUNGEN

Die wirtschaftlichen Erfolge Südkoreas sind von miserablen Arbeitsbedingungen der Lohnarbeiter des Kapitals überschattet. Trotz hoher Intensität der Arbeit und fortschrittlicher industrieller Basis sind die Arbeitszeiten extrem hoch. Ab Mitte der 70er Jahre hat sich die Extensität der Arbeit weiter erhöht. Die Folgen sind typische Berufskrankheiten und im internationalen Vergleich sehr hohe Unfallraten.

Die höchsten Arbeitszeiten müssen die Frauen in der Produktionssphäre ableisten. Obwohl die jungen Frauen länger arbeiten als die Männer, erhalten sie nicht einmal die Hälfte des Männerlohnes. Die Diskriminierung der Frauen in Südkorea, die von dem Konfuzianismus ideologisch gestützt wird, macht sich das Kapital für seine Verwertungsinteressen zunutze. Die ungerechte Entlohnung reproduziert die Benachteiligung der Frau fortwährend. Um die Verschleißerscheinungen der Arbeitskräfte gering zu halten und die verbrauchten durch jüngere zu ersetzen, werden die Frauen, nachdem sie mehrere Jahre im Produktionsprozeß verheizt wurden, in die häusliche Reproduktionssphäre zurückgeschickt. Die wirtschaftlichen Erfolge Südkoreas beruhen wesentlich auf der industriellen Frauenarbeit.

Die Lohnarbeiter des Kapitals konnten in den Jahren 1970 bis 1980 ihre materielle Situation nur geringfügig verbessern. Die realen Lohnsteigerungen fielen mäßig aus und erreichten nicht die Zuwachsraten des Bruttosozialproduktes und der Produktivität. Einzig die Facharbeiter und die höheren Verwaltungsangestellten konnten überdurchschnittliche Lohnsteigerungen erzielen.

Die Ausgabenstruktur aller Lohnarbeiterhaushalte hat sich insbesondere in der ersten Phase der exportorientierten Industrialisierung (1965 - 1970) zugunsten dauerhafter Konsumgüter verschoben. Die enorm gestiegenen Preise für notwendige Nahrungsmittel (Reis und Fleisch) Ende der 70er Jahre weisen auf eine verschlechterte Nahrungsmittelversorgung weiter Teile der Bevölkerung hin. Ebenso sind die Mieten in den Städten derartig in die Höhe gewachsen, daß viele Menschen erbärmliche Wohnverhältnisse hinnehmen müssen.

Nicht alle Lohnarbeiter haben an der Entwicklung des Sozialsystems profitiert: die Privilegierung der Stammarbeiter in finanzstarken Firmen wurde durch die ungleiche Anwendung des Programmes der sozialen Sicherheit weiter ausgebaut. Gerade sie sind es, die der Krankenversicherung angehören und die mit dem Ausscheiden aus dem Arbeitsverhältnis die Entlassungsgelder kassieren. Die Lohnarbeiter in Kleinbetrieben und die ohne festes Arbeitsverhältnis sind um diese sozialen Leistungen gebracht.

Der Staat sichert sich mit der Begünstigung der Stammarbeiter durch die Sozialgesetzgebung und durch die Zugeständnisse an die Staatsbeschäftigten die Aufrechterhaltung des Herrschaftssystems: die Staatsbeschäftigten sind alle krankenversichert und erhalten die Pension für die Altersversorgung. Dagegen wird den Armen und Hilfsbedürftigen keine nennenswerte staatliche Unterstützung gewährt.

Die mäßige Ungleichheit der Einkommensverteilung in Südkorea ist das Resultat historischer Besonderheiten und ist nicht der kapitalistischen Industrialisierung geschuldet. Im Gegenteil hat sich die Einkommensverteilung in den 70er Jahren deutlich verschlechtert. Die absolute Armut ist zwar Ende der 70er Jahre geringer als 1965, aber die relative Verarmung der Bevölkerung hat zugenommen. Damit stehen die Zeichen schlecht für die Binnenmarktentwicklung, die Voraussetzung für die kapitalistische Produktionsdynamik ist. Eine absolute Verelendung breiter Massen der Bevölkerung führt Südkorea ohne Zweifel in die Sackgasse. Die Aufrechterhaltung des politischen und sozialen Systems ist dann auch nicht mehr durch die brachiale staatliche Unterdrückung möglich.

Die Startbedingungen Südkoreas für eine wirtschaftliche und politische Neuorientierung sind äußerst schlecht. Der eingeschlagene Entwicklungsweg beruht auf einer hohen Auslandsverschuldung. Die Landwirtschaft ist auf Kosten der Exportorientierung vernachlässigt worden. Die Umweltverschmutzung hat das ökologische Gleichgewicht zerstört.

Die Entwicklung Südkoreas steht weiterhin im Mittelpunkt entwicklungstheoretischer Debatten. Meines Erachtens wird es sich schon bald zeigen, ob der Weg Koreas in die Sackgasse geführt hat.

Literaturverzeichnis

Ban, Moon, Perkins (Eds.): "Rural Development", Harvard University, London 1980

Dieter Bielenstein: "Die Gewerkschaften in Südkorea", in: Gerhard Leminsky, Bernd Otto (Hrsg.): "Gewerkschaften und Entwicklungspolitik", Köln 1975

Mario F. Bognanno: "Collective Bargaining in Kora: Laws, Practices and Recommendations for Reform", Korea Development Institute (KDI), Working Paper 8005, Seoul 1980

Lien Lincoln Chao: "Distinctive Patterns of Industrial Relations in Korea", (Diss.) University of Minnesota 1956

Hakchung Choo: "Economic Growth and Income Distribution", in: Chong Kee Park: "Human Resources and Social Development in Korea", Korea Development Institute, Seoul 1980

Christian Institute for the Study of Justice and Development: "Report on the Situation of Child Labourers", Seoul Dezember 1979 (unveröffentlichtes Manuskript)

Christian Institute for the Study of Justice and Development: "Realities of Korean Economy", Seoul Juni 1981

The Committee for Justice and Peace of South Korea - National Organisation of Catholic Priests to Realize Social Justice: "A Fact-Finding Survey on the Masan Free Export Zone", in: AMPO, Vol. 8, Nr. 2, 1976

Deutsch-Koreanische Industrie- und Handelskammer: "Korea - Basisdaten über die Wirtschaft", Nr. 7, Seoul 10.6.1981

Fröbel, Heinrichs, Kreye: "Die neue internationale Arbeitsteilung", Hamburg 1977

John Gittings, Gavan McCormack (Eds.): "Crisis in Korea", London 1977

Thomas Hurtienne: "Peripherer Kapitalismus und autozentrierte Entwicklung", in: Probleme des Klassenkampfes (ProKla), Bd. 11, Heft 4, 1981

Chang Soo Kim: "Marginalization, Development and the Korean Workers Movement", in: AMPO, Vol. 9, Nr. 2, 1977

Hwang Joe Kim: "An analysis of the Interindustry Wage Structure of Mining and Manufacturing Industries in Korea", (Diss.) University of Massachusetts 1973

Kwangsuk Kim, Michael Römer: "Growth and Structural Transformation. Studies in the Industrialization of the Republic of Korea, 1945 - 1975", Cambridge 1979

Ke-Zeung Kim, Rudolf Bode u.a.; College of Industrial Education/GTZ Project for Training Technical Teachers: "A Korean-German Cooperative Field Study on the Vocational Qualification Requirement for Chemical and Mechanical Industries", Chungnam National University 1981/1982

Gunter Kohlheyer: "Südkoreas System der Berufsausbildung (Vocational Training)", in: Bundesinstitut für Berufsbildung (BIBB): "Berufsbildung in Wissenschaft und Praxis", Nr. 3, Berlin Juni 1980

Ilse Lenz: "Flammen am 'Markt des Friedens': Arbeiterinnen im Schatten der internationalen Arbeitsteilung werden aktiv", in: Do-Yul Song (Hrsg.): "Wachstum, Diktatur und Ideologie in Korea", Bochum 1980

Hans Ulrich Luther: "Südkorea (k)ein Modell für die Dritte Welt?", München 1981

Hans Ulrich Luther: "Regierungskampagnen in Südkorea - Ein erfolgreiches Entwicklungsmodell?", in: Do-Yul Song (Hrsg.): "Wachstum, Diktatur und Ideologie in Korea", Bochum 1980

Elias Mendelievich (Ed.): "Children at Work", International Labour Office, Geneva 1979

Ministry of Labour: "Labour Laws of Korea", Labour Policy Bureau, Seoul May 1980

Ministry of Labour: "Labour Administration in Korea", Labour Policy Bureau, Seoul May 1981

Ministry of Labour: "Labour Laws - why and what are changed", Labour Policy Bureau, Seoul 1981

North American Coalition for Human Rights in Korea/Update, No. 6, April 1981

Chong Kee Park: "The Organization, Financing, and Cost of Health Care", in: Chong Kee Park: "Human Resources and Social Development in Korea", Korea Development Institute, Seoul 1980

Yong Ki Park: "Trade Union and Labour Movement", in: Park, Shin, Zo (Eds.): "Economic Change and Social Change in Korea", Frankfurt a.M. 1980

Rainer Schweers: "Kapitalistische Entwicklung und Unterentwicklung. Voraussetzungen und Schranken der Kapitalakkumulation in ökonomisch schwach entwickelten Ländern, Frankfurt a.M. 1980

Der Senator für Gesundheit, Soziales und Familie: "Bericht über die Situation der Frauen in Berlin", Berlin 1981

Song Mok Suh: "Dilemmas in Developing Social Security Programs for Korea", Korea Development Institute, Monograph 8001, Seoul Juni 1980

Song Mok Suh: "The Patterns of Poverty", in: Chong Kee Park: "Human Resources and Social Development in Korea", Korea Development Institute, Seoul 1980

Verzeichnis der Statistiken

The Bank of Korea: "Economic Statistics Yearbook 1981", Seoul, RoK, 1981

Economic Planing Board (EPB): "Annual Report on the Economically Active Population Survey", Seoul, RoK, 1980

EPB: "Annual Report on the Family Income and Expenditure Survey", Seoul, RoK, 1972ff.

EPB: "Annual Report on the Price Survey 1980", National Bureau of Statistics, Seoul, RoK, May 1981

EPB: "Korea 1980 - Statistical Handbook", Seoul, RoK, 1980

EPB: "Korea Statistical Yearbook", Seoul, RoK, 1966ff.

EPB: "Major Statistics of Korean Economy 1981", Seoul, RoK, 1981

EPB: "Preliminary Count of Population and Housing Census", National Bureau of Statistics, Seoul, RoK, 1981

Ministry of Labour: "Yearbook of Labour Statistics 1981", RoK, August 1981

Ministry of Health and Social Affairs: "Major Statistics of Health and Social Affairs", RoK, May 1981

Sozialwissenschaftliche Studien zu internationalen Problemen / Social Science Studies on International Problems (ISSN 0584-603 X)

Herausgegeben von / Edited by
Prof. Dr. Diether Breitenbach

1	Breitenbach & Danckwortt	Probleme der Ausbildung und Anpassung von Praktikanten aus Entwicklungsländern. 1966. 95 S. DM 3,–. ISBN 3-88156-000-9.
2	Vente	Entwicklungsländer, Entwicklungshilfe, Ausbildungshilfe. 1966. 214 S. DM 5,–. ISBN 3-88156-001-7.
3	Gechter	Die Fortbildung deutscher Landwirte in den USA. 1966. 237 S. DM 5,–. ISBN 3-88156-002-5.
4	Sproho	Arbeits- und Lebensverhältnisse von Praktikanten aus Entwicklungsländern. 1967. 196 S. DM 5,–. ISBN 3-88156-003-3.
5	Freitag	Florestan Fernandes. Brasilien aus der Sicht eines brasilianischen Sozialwissenschaftlers. 1969. 81 S. DM 15,–. ISBN 3-88156-005-X.
6	Albrecht	Innovationsprozesse in der Landwirtschaft. Eine Analyse der »adoption«- und »diffusion«-Forschung in Bezug auf landwirtschaftliche Beratung. 1969. 362 S. DM 40,–. ISBN 3-88156-006-8.
7	Schneider	Landwirtschaftliche Innovationsbereitschaft in Westkamerun. 1969. 80 S. DM 15,–. ISBN 3-88156-007-6.
8	Eckensberger	Methodenprobleme der kulturvergleichenden Psychologie. 1970. 127 S. DM 20,–. ISBN 3-88156-008-4.
9	Dittmann	Technische Ausbildung in Kenia. Erfolgskontrolle einer Handwerkerschule. 1972. 79 S. DM 16,–. ISBN 3-88156-015-7.
10	Zimmermann	Auslandsstudium und nationale Orientierung senegalesischer Akademiker. 1972. 212 + XXXV S. DM 35,–. ISBN 3-88156-016-5.
11	Schönherr	Berufliche Diversifikation und Führungsmodernisierung im ländlichen Indien. 1972. 57 S. DM 14,–. ISBN 3-88156-017-3.
12	Grohs	Traditionelle Erziehung und Schule in Nordnigeria. 1972. 112+XXXIX S. DM 20,–. ISBN 3-88156-018-1.
13	Ruf	Bilder in der internationalen Politik. Analyse und Bedeutung von »Images« in der Politikwissenschaft. 1973. 139 S. DM 28,–. ISBN 3-88156-020-3.
14	Dittmann	Kultur und Leistung. Zur Frage der Leistungsdisposition bei Luo und Indern in Kenia. 1973. 287 S. DM 37,–. ISBN 3-88156-021-1.
15	Eger	Familienplanung in Pakistan. 1973. 146 S. DM 28,–. ISBN 3-88156-022-X.
16	Britsch	Einzelbetriebliches Wachstum in der Landwirtschaft. 1973. 301 S. DM 37,–. ISBN 3-88156-023-8.
17	Bergmann & Thie	Die Einstellung von Industriearbeitern zu Entwicklungspolitik und Entwicklungshilfe. 1973. 118 S. DM 15,–. ISBN 3-88156-024-6.

Verlag **breitenbach** Publishers
Memeler Straße 50, 6600 Saarbrücken, Germany
P.O.B. 16243 Fort Lauderdale/Plantation, Fla 33318, USA

Sozialwissenschaftliche Studien zu internationalen Problemen / Social Science Studies on International Problems (ISSN 0584-603 X)

Herausgegeben von / Edited by
Prof. Dr. Diether Breitenbach

18 Schulz	Landwirtschaftliche Neuerungsverbreitung an der Elfenbeinküste. 1973. 448 S. DM 49,–. ISBN 3-88156-025-4.
19 Bethke	Bergbau und sozialer Wandel in Indien. 1973. 240 + LXI S. DM 39,–. ISBN 3-88156-026-2.
20 Breitenbach	Auslandsausbildung als Gegenstand sozialwissenschaftlicher Forschung. 1974. 465 S. DM 35,–. ISBN 3-88156-027-0.
21 von Werlhof	Prozesse der Unter-Entwicklung in El Salvador und Costa Rica. 1975. 605 S. DM 45,–. ISBN 3-88156-038-6.
22 Rudersdorf	Das Entwicklungskonzept des Weltkirchenrats. 1975. 355 S. DM 25,–. ISBN 3-88156-039-4.
23 Becker-Pfleiderer	Sozialisationsforschung in der Ethnologie. Eine Analyse der Theorien und Methoden. 1975. 169 + XXXI S. DM 20,–. ISBN 3-88156-040-8.
24 Bodenstedt (Hg.)	Selbsthilfe: Instrument oder Ziel ländlicher Entwicklung. 1975. 106 S. DM 10,–. ISBN 3-88156-041-6.
25 Ehrenberg	Die indische Aufrüstung 1947–1974. 1975. 406 S. DM 27,–. ISBN 3-88156-042-4.
26 Eger	Familienplanungsprogramme oder Änderung der sozio-ökonomischen Verhältnisse? 1975. 360 S. DM 28,–. ISBN 3-88156-043-2.
27 Kordes	Curriculum-Evaluation im Umfeld abhängiger Gesellschaften. Quasi-experimentelle Felduntersuchung eines Schulversuchs zur Ruralisierung der Grunderziehung in Dahome (Westafrika). 1976. 613 S. DM 48,–. ISBN 3-88156-046-7.
28 Schönmeier	Berufliche Orientierung somalischer Jugendlicher. Die Wahrnehmung der beruflichen Umwelt. 1976. 445 S. DM 35,–. ISBN 3-88156-055-6.
29 Löber	Persönlichkeit und Kultur auf Trinidad. Ein Vergleich zwischen Afrikanern und Indern. 1976. 465 S. DM 35,–. ISBN 3-88156-058-0.
30 Göricke	Revolutionäre Agrarpolitik in Äthiopien – Traditionelle Agrarverfassungen und ihre Veränderung durch die Landreformgesetzgebung von 1975. 1977. 291 S. DM 24,–. ISBN 3-88156-073-4.
31 Rhie	Community Development durch Selbsthilfegruppen. 1977. 223 S. DM 22,–. ISBN 3-88156-078-5.
32 Grüner	Zur Kritik der traditionellen Agrarsoziologie in der Bundesrepublik Deutschland. 1977. 196 S. DM 20,–. ISBN 3-88156-080-7.
33 Hundsdörfer	Die politische Aufgabe des Bildungswesens in Tanzania. 1977. 293 S. DM 29,–. ISBN 3-88156-082-3.
34 Steinhoff	Prestige und Gewinn: Die Entwicklung unternehmerischer Fähigkeiten in Taiwan, 1880–1972. 1978. 220 S. DM 22,–. ISBN 3-88156-092-0.

Verlag **breitenbach** Publishers
Memeler Straße 50, 6600 Saarbrücken, Germany
P.O.B. 16243 Fort Lauderdale/Plantation, Fla 33318, USA

Sozialwissenschaftliche Studien zu internationalen Problemen / Social Science Studies on International Problems (ISSN 0584-603 X)

Herausgegeben von / Edited by
Prof. Dr. Diether Breitenbach

35 Chen	Ein makroökonometrisches Modell für Taiwan. 1978. 401 S. DM 40,–. ISBN 3-88156-093-9.
36 Fohrbeck	Eine neue Weltwirtschaftsordnung? Grenzen und Möglichkeiten. 1978. 149 S. DM 16,–. ISBN 3-88156-094-7.
37 Heuwinkel	Autozentrierte Entwicklung und die neue Weltwirtschaftsordnung. 1978. 160 S. DM 16,–. ISBN 3-88156-095-5.
38 Kolodzig	Das Erziehungswesen in Tanzania. 1978. 230 S. DM 23,–. ISBN 3-88156-096-3.
39 Wöll	Die Slums von Lissabon. 1978. 350 S. DM 36,–. ISBN 3-88156-100-5.
40 Schepers	Beratung in der entwicklungspolitischen Zusammenarbeit. 1978. 360 S. DM 36,–. ISBN 3-88156-104-8.
41 Pfleiderer-Becker	Tunesische Arbeitnehmer in Deutschland. 1978. 142 S. DM 14,–. ISBN 3-88156-105-6.
42 Bauer	Kind und Familie in Schwarzafrika. 1979. 313 S. DM 32,–. ISBN 3-88156-123-4.
43 Kushwaha	Kommunikationsaspekte der Familienplanung im ländlichen Indien. Eine Fallstudie in Nordindien. 1979. 356 S. DM 35,–. ISBN 3-88156-124-2.
44 Leber, G.	Agrarstrukturen und Landflucht im Senegal. Historische Entwicklung und sozio-ökonomische Konsequenzen. 1979. 142 S. DM 15,–. ISBN 3-88156-125-0.
45 Leber, B.	Entwicklungsplanung und Partizipation im Senegal. Aspekte der Planungsbeteiligung in peripheren Ländern Afrikas. 1979. 294 S. DM 29,–. ISBN 3-88156-126-9.
46 Matzdorf	Wissenschaft, Technologie und die Überwindung von Unterentwicklung. Zur Kritik herrschender Entwicklungs- und Technologiekonzepte und zur Problematik eines autonomen sozialistischen Weges. 1979. 322 S. DM 32,–. ISBN 3-88156-127-7.
47 Römpczyk	Internationale Umweltpolitik und Nord-Süd-Beziehungen. 1979. 303 S. DM 30,-. ISBN 3-88156-129-3.
48 Rauls	Schulische Bildung und Unterentwicklung in Paraguay. 1979. 185 S. DM 19,50. ISBN 3-88156-137-4.
49 Dabisch	Pädagogische Auslandsarbeit der Bundesrepublik Deutschland in der Dritten Welt. 1979. 258 S. DM 25,–. ISBN 3-88156-138-2.
50 Hoffmann	Vom Kolonialexperten zum Experten der Entwicklungszusammenarbeit. Acht Fallstudien zur Geschichte der Ausbildung von Fachkräften für Übersee in Deutschland und in der Schweiz. Mit einem Vorwort von Winfried Böll. 1980. 337 S. DM 20,–. ISBN 3-88156-142-0.

Verlag **breitenbach** Publishers
Memeler Straße 50, 6600 Saarbrücken, Germany
P.O.B. 16243 Fort Lauderdale/Plantation, Fla 33318, USA

Sozialwissenschaftliche Studien zu internationalen Problemen / Social Science Studies on International Problems (ISSN 0584-603 X)

Herausgegeben von / Edited by
Prof. Dr. Diether Breitenbach

51 Alt	Ägyptens Kopten – Eine einsame Minderheit. Zum Verhältnis von Christen und Moslems in Ägypten in Vergangenheit und Gegenwart. Herausgegeben von der Arbeitsgruppe Bielefelder Entwicklungssoziologen und Kübel-Stiftung GmbH. 1980. 111 S. DM 15,–. ISBN 3-88156-144-7.
52 Liem	Die ethnische Minderheit der Überseechinesen im Entwicklungsprozeß Indonesiens. Ein Beitrag zur Erforschung interethnischer Vorurteile in der Dritten Welt. Mit einem Vorwort von Prof. Dr. René König. 1980. 626 S. 11 Abb. DM 49,50. ISBN 3-88156-145-5.
53 Spessart	Garant oder Gegner? Militärregierung und städtische Marginalität in Lima, Peru, 1968–1975: Vier Fallstudien. 1980. 499 + XVIII S. 6 Fotos. Zahlr. Graphiken und Tab. DM 42,–. ISBN 3-88156-149-8.
54 Schultz	Frühkindliche Erziehung in Afrika südlich der Sahara. Eine Erörterung im Hinblick auf Vorschulerziehung. 1980. 307 S. DM 28,–. ISBN 3-88156-152-8.
55 Glaeser	Factors Affecting Land Use and Food Production. A Contribution to Ecodevelopment in Tanzania. 1980. 238 S. DM 24,–. ISBN 3-88156-151-X.
56 Dederichs	Elterliche Erziehung und Genese des Leistungsmotivs in Ghana. Eine empirische Studie über schichtspezifische Sozialisationsbedingungen bei Jugendlichen in Accra. 1980. 168 S. DM 18,–. ISBN 3-88156-155-2.
57 Glaeser	Ökoentwicklung in Tanzania. Ein empirischer Beitrag zu Bedürfnissen, Selbstversorgung und umweltschonender Agrartechnologie im kleinbäuerlichen Betrieb. 1981. 209 S. DM 21,–. ISBN 3-88156-161-7.
58 Heuer/ Oberreit	Peru, Kolonisation und Abhängigkeit. Untersuchungen zur neuen Strategie ausländischer Interessen im peruanischen Agrarsektor. 1981. 192 S. DM 19,–. ISBN 3-88156-165-X.
59 Hendrichs	Die Wirtschaftsbeziehungen der Deutschen Demokratischen Republik mit den Entwicklungsländern. 1981. V, 88 S. DM 10,–. ISBN 3-88156-171-4.
60 Ralle	Modernisierung und Migration am Beispiel der Türkei. 1981. VI, 175 S. DM 19,50. ISBN 3-88156-173-0.
61 Wollmann	Mangelernährung und ländliche Entwicklung. Theoretische und praktische Ansatzpunkte einer grundbedürfnisorientierten Entwicklungspolitik. 1981. VII, 140 S. DM 16,–. ISBN 3-88156-174-9.

Verlag **breitenbach** Publishers
Memeler Straße 50, 6600 Saarbrücken, Germany
P.O.B. 16243 Fort Lauderdale/Plantation, Fla 33318, USA

Sozialwissenschaftliche Studien zu internationalen Problemen / Social Science Studies on International Problems (ISSN 0584-603 X)

Herausgegeben von / Edited by
Prof. Dr. Diether Breitenbach

62 Fürst	Staat, Kapital und Regionalproblem in Peru 1968–1978. Zum Zusammenhang zwischen assoziiert-kapitalistischer Entwicklung und strukturell heterogener Raumformation im industriellen Akkumulationsprozeß ökonomisch nicht entwickelter Länder. 1981. Teil I: Untersuchung. VII, 584 S. Teil II: Anmerkungen und statistischer Anhang. VII, 283 S. Gesamtausgabe: DM 75,–. ISBN 3-88156-176-5.
63 Bhatty	The Economic Role and Status of Women in the Beedi Industry in Allahabad, India: A Study Prepared for the International Labour Office within the Framework of the World Employment Programme. 1981. II, 97 p. DM 12,–. ISBN 3-88156-192-7.
64 Döbele	Entwicklung und Unterentwicklung: Das Beispiel Iran. 1982. XI, 388 S. DM 39,–. ISBN 3-88156-201-X.
65 Schnuer	Der Technologie-Transfer als Lehr- und Lernproblem. Beiträge zur Pädagogik aus 20-jähriger Mitarbeit in der Entwicklungshilfe. 1982. 203 S. DM 20,–. ISBN 3-88156-204-4.
66 Michl	Erziehung und Lebenswelt bei den Buschleuten der Kalahari. Ein Beitrag zur vergleichenden Erziehungswissenschaft. 1982. 131 S. DM 16,–. ISBN 3-88156-205-2.
67 Meyer	Ziele, Konfliktbereitschaft und Bedingungen der iranischen Erdölpolitik 1970–1980. Vom Schahregime zur Islamischen Republik. 1982. XII, 395 S. DM 39,–. ISBN 3-88156-208-7.
68 Eger	Das Comilla-Genossenschaftsprogramm zur ländlichen Entwicklung in Bangladesh – Erfolg oder Mißerfolg? 1982. 99 S. DM 12,–. ISBN 3-88156-209-5.
69 von Rabenau	Struktur, Entwicklung und Ursachen der südkoreanischen Einkommensverteilung von 1963–1979. 1982. VI, 95 S. DM 12,–. ISBN 3-88156-210-9.
70 Chahoud	Entwicklungsstrategie der Weltbank – Ein Beitrag zur Überwindung von Unterentwicklung und Armut? 1982. VI, 515 S. DM 48,–. ISBN 3-88156-211-7.
71 Drathschmidt	Portugiesischer Kulturimperialismus in Angola. Ein halbes Jahrtausend »christlichen Imperiums«. 1982. III, 120 S. DM 16,–. ISBN 3-88156-213-3.
72 Meinardus	Marginalität – Theoretische Aspekte und entwicklungspolitische Konsequenzen. 1982. IV, 125 S. DM 14,–. ISBN 3-88156-226-5.
73 Kenn	Kapitalistischer Entwicklungsweg und Gewerkschaften im unabhängigen Indien. 1982. 352 S. DM 36,–. ISBN 3-88156-227-3.
74 Wesel	Das Konzept der »Integrierten Ländlichen Entwicklung«: Neuansatz oder Rhetorik? 1982. III, 246 S. DM 26,–. ISBN 3-88156-228-1.

Verlag **breitenbach** Publishers
Memeler Straße 50, 6600 Saarbrücken, Germany
P.O.B. 16243 Fort Lauderdale/Plantation, Fla 33318, USA

Sozialwissenschaftliche Studien zu internationalen Problemen / Social Science Studies on International Problems (ISSN 0584-603 X)

Herausgegeben von / Edited by
Prof. Dr. Diether Breitenbach

75 Fohrbeck	Gewerkschaften und neue internationale Arbeitsteilung. 1982. 334 S. DM 34,–. ISBN 3-88156-229-X.
76 Welzk	Nationalkapitalismus versus Weltmarktintegration? Rumänien 1830 bis 1944. Ein Beitrag zur Theorie eingenständiger Entwicklung. 1982. 199 S. DM 22,–. ISBN 3-88156-231-1.
77 Welzk	Entwicklungskonzept Zentrale Planwirtschaft – Paradigma Rumänien. 1982. X, 519 S. DM 48,–. ISBN 3-88156-232-X.
78 Ummenhofer	Ecuador: Industrialisierungsbestrebungen eines kleinen Agrarstaates. 1983. XI, 336 S. 29 Abb. DM 39,–. ISBN 3-88156-239-7.
79 Petzold	Entwicklungspsychologie in der VR China. Wissenschaftsgeschichtliche Analyse, entwicklungspsychologische Forschung und ihre Anwendung. Mit einer Einführung von Horst Nickel. 1983. XIII, 346 S. DM 39,–. ISBN 3-88156-240-0.
80 Hoffmann	Frauen in der Wirtschaft eines Entwicklungslandes: Yoruba-Händlerinnen in Nigeria. Eine ethnosoziologische Fallstudie aus der Stadt Ondo. 1983. 245 S. 5 Abb. 14 Fotos. DM 29,–. ISBN 3-88156-242-7.
81 Lehberger	Die Arbeits- und Lebensbedingungen in Südkorea in der Phase der exportorientierten Industrialisierung (1965–1980). 1983. X, 124 S. DM 18,–. ISBN 3-88156–243-5.

Verlag **breitenbach** Publishers
Memeler Straße 50, 6600 Saarbrücken, Germany
P.O.B. 16243 Fort Lauderdale/Plantation, Fla 33318, USA